Wilhelm Reichenbächer

Die Geschichte der athenischen und makedonischen Politik vom Frieden des Philokrates bis zum korinthischen Bund

Wilhelm Reichenbächer

Die Geschichte der athenischen und makedonischen Politik vom Frieden des Philokrates bis zum korinthischen Bund

ISBN/EAN: 9783955643737

Auflage: 1

Erscheinungsjahr: 2013

Erscheinungsort: Bremen, Deutschland

@ EHV-History in Access Verlag GmbH, Fahrenheitstr. 1, 28359 Bremen. Alle Rechte beim Verlag und bei den jeweiligen Lizenzgebern.

Die Geschichte

der athenischen und makedonischen Politik vom Frieden des Philokrates bis zum korinthischen Bund (346—338).

W. Reichenbächer

Halle a. S.,
Druck der Buchdruckerei des Waisenhauses.
1897.

Die Geschichte der athenischen und makedonischen Politik in der Zeit des Philipp und Demosthenes bietet infolge des Zustandes der Überlieferung die gröfsten Schwierigkeiten. Da die zeitgenössischen Geschichtswerke des Theopompos und Ephoros uns bis auf verhältnismäfsig unbedeutende Bruchstücke verloren sind, so besitzen wir an zusammenhängenden geschichtlichen Darstellungen dieser Zeit nur die soviel späteren Werke eines Diodor, Justin und Plutarch, die dürftig und unzuverlässig sind selbst in Beziehung auf das Thatsächliche, und die vollends über die politischen Ziele und Bestrebungen uns nur sehr geringen Aufschlufs geben. So sind wir in der Hauptsache auf die attischen Redner, im wesentlichen auf Demosthenes und Aeschines angewiesen, die aber nur mit aller Vorsicht zu benutzen sind; denn der eine so wenig wie der andere kann als unparteiischer Zeuge gelten. Aus dieser Beschaffenheit der Quellen erklärt es sich, dafs bei der Betrachtung dieser Geschichtsperiode und auch bei der Auffassung der Politik Philipps Athen viel zu sehr in den Vordergrund gerückt ist, dafs man die Verhältnisse nur vom athenischen Standpunkte aus angesehen hat und zum Teil heute noch ansieht. Diese Zeit wird aber nicht von Athen, sondern von Makedonien, oder besser von Philipp beherrscht,[1]) und dessen politische Bestrebungen umfassen nicht blofs Griechenland, von dem wiederum Athen nur ein Teil ist, sondern ebenso sehr den Westen und Norden der Balkanhalbinsel; nur wissen wir leider von seiner Thätigkeit nach dieser Seite hin sehr wenig. — Eine zweite Schwierigkeit liegt in der Beurteilung der leitenden Männer: auch die neueren Geschichtsforscher zerfallen in eine demosthenische und philippische Partei, deren Hauptvertreter einerseits Arnold Schäfer,[2]) andrerseits Julius Beloch[3]) sind. Beide sind von Einseitigkeit und Voreingenommenheit nicht frei geblieben. In

---

1) Wie schon Theopomp („$\Phi\iota\lambda\iota\pi\pi\iota\varkappa\dot{\alpha}$") erkannt hat.
2) Demosthenes und seine Zeit, Leipzig 1886 f.², die eingehendste Darstellung, in der besonders auch die Quellen fast vollständig angegeben sind.
3) Die attische Politik seit Perikles, Leipzig 1884. Griechische Geschichte II, Strafsburg 1897.

vorliegender Arbeit soll versucht werden zwischen beiden die Mitte zu halten und Demosthenes sowohl wie Philipp gerecht zu werden.

Einleitung: Philipps Stellung im Jahre 346 und seine weiteren Bestrebungen. Die Politik des Demosthenes.

Philipp von Makedonien hatte in den ersten zwölf Jahren seiner Regierung die Grenzen seines Reiches gegen die barbarischen Nachbarstämme gesichert, seine Herrschaft im Innern fest begründet und im Kampfe gegen Athen und Olynth auch die makedonischen Küsten in seine Hand gebracht. Im Frieden des Philokrates (346) mufste Athen den Besitzstand, wie er seit Jahren thatsächlich schon war, als zu Recht bestehend anerkennen und allen Ansprüchen auf Amphipolis, Pydna, Potidäa, Methone entsagen. Damit war Philipp wirklich Herr in seinem Lande, sein Reich stand im Innern gefestigt und nach aufsen mächtig da, frei von jedem fremden Einflufs. Das nächste Ziel, das Philipp sich gesetzt hatte, war erreicht. Aber sein Streben ging viel weiter, er wollte sich und seinem Volke die — unmittelbare oder mittelbare — Herrschaft über die ganze Balkanhalbinsel erwerben. Auch zu diesem Ziele hin hatte er schon wichtige Schritte gethan. Den westlichen Teil Thrakiens bis zum Nestos — mit den Goldbergwerken des Pangäon — hatte er zu Makedonien geschlagen und durch die Anlage von Philippi gesichert; im Jahre 346 noch, während der Verhandlungen mit Athen, eroberte er die thrakische Südküste, an der ihm schon Abdera und Maronea gehörten, bis zum Chersones hin, und machte den Odrysenkönig Kersobleptes von sich abhängig. Auch in Thessalien hatte er schon seit langem festen Fufs gefafst und nach dem Siege über Onomarchos (352) das Land fast zu einer makedonischen Provinz gemacht, wenn es auch dem Namen nach nur mit Philipp verbündet war. Jetzt im Jahre 346 öffnete sich der König durch die Niederwerfung der Phoker auch den Weg nach dem eigentlichen Griechenland und sorgte gleich dafür, dafs dieser Zugang in seiner Hand blieb; er hielt die Thermopylen besetzt, und in Phokis blieben makedonische Söldner, angeblich, um über die Ausführung des Friedens zu wachen.[1)] Wichtiger noch war, dafs Makedonien durch die

---

1) Dem. XIX. 204, IX. 32: κύριος δὲ πυλῶν καὶ τῶν ἐπὶ τοὺς Ἕλληνας παρόδων ἐστὶ καὶ φρουραῖς καὶ ξένοις τοὺς τόπους τούτους κατέχει. XIX. 81: ὁ δῆμος ὁ τῶν Φωκέων οὕτω κακῶς καὶ ἐλεεινῶς

Aufnahme in den amphiktyonischen Bund als Glied des hellenischen Staatensystems anerkannt war. Und zwar nahm Philipp hier von Anfang an als Schirmherr des delphischen Heiligtums und des ganzen Bundes eine Stellung ein, die gerade jetzt, wo die Amphiktyonie infolge des heiligen Krieges auch zu grofser politischer Bedeutung gelangt war, ihm auf die Masse des griechischen Volkes einen nicht zu unterschätzenden Einflufs verlieh. Aber auch weite Kreise der gebildeten und besitzenden Klassen, deren Zuneigung überhaupt schon seit langem von der ausgearteten Demokratie der Monarchie sich zugewendet hatte, standen seinen Plänen freundlich gegenüber. Hofften sie doch von ihm die Beseitigung des Regiments der Volksmenge, unter der gerade sie zu leiden hatten, die Beendigung der unseligen Zwietracht und die Einigung Griechenlands zum Kampfe gegen den alten Erbfeind Persien.[1]) So war schon damals Philipps Macht in Hellas nicht gering, denn in allen griechischen Staaten, Sparta allein vielleicht ausgenommen, fand er Anhänger. Dazu war Phokis in seiner Gewalt, Theben und Lokris mit ihm verbündet, in Euböa herrschte seit dem unglücklichen Feldzug der Athener zu Gunsten des Plutarchos (349) sein Einflufs, im Peloponnes suchten Argos, Arkadien, Messenien bei ihm Schutz gegen Sparta. Athen endlich, die erste griechische Macht, hatte soeben mit ihm Frieden und Bündnis geschlossen; und wenn es auch sich gleich darauf wieder mifstrauisch zeigte, so durfte der König doch hoffen, dafs die Friedenspartei und seine Anhänger dort das Übergewicht behalten, und dafs Athen ihm die Hegemonie nicht streitig machen würde. Deshalb zog er es vor nicht gewaltsam vorzugehen und die griechischen Staaten mit den Waffen zur Unterwerfung zu zwingen, wozu er wohl die Macht und jedenfalls eine vortreffliche Gelegenheit hatte, sondern kehrte, als die Verhältnisse in Phokis geordnet waren, heim, um zunächst sein Reich nach Norden hin zu sichern und zu erweitern. Denn nach dieser Seite hin richtete sich, um dies nochmals zu betonen, sein Augenmerk ebensowohl wie nach Süden, und hier harrten seiner besonders in Thrakien noch wichtige Aufgaben. Zugleich aber suchte er auf friedlichem Wege seinen Einflufs in Griechenland auszudehnen. Ein Mittel hierzu, wenn auch nicht ein blofser Vorwand, war ihm auch die Ankündigung des Nationalkrieges

---

διάκειται, ὥστε ... δουλεύειν καὶ τεθνάναι φόβῳ Θηβαίους καὶ τοὺς Φιλίππου ξένους, οὓς ἀναγκάζονται τρέφειν.

1) Ein Denkmal dieser Stimmung ist besonders Isokrates' Φίλιππος.

gegen Persien. Dafs er diesen Krieg damals schon wirklich ins Auge gefafst hat, ist nicht zu bezweifeln;¹) aber ehe er an einen Feldzug nach Asien denken konnte, mufste er gewifs sein, dafs in Griechenland sich kein Widerstand mehr gegen ihn erhob. Philipp hoffte, die Hegemonie würde ihm ohne weiteren Kampf zufallen. Dafs er wider Erwarten doch noch einen ernsten und gefährlichen Krieg darum führen mufste, lag an der Politik Athens, oder richtiger an der des Demosthenes.

Ich kann hier die vielumstrittene Frage nach der Berechtigung der demosthenischen Politik nicht umgehen und will an dieser Stelle wenigstens versuchen die Stellung des Demosthenes Philipp gegenüber kurz darzulegen. Demosthenes wollte Athen wieder die Führung in Griechenland verschaffen, die es in seiner grofsen Zeit gehabt hatte, ein Wunsch, der für ihn als athenischen Patrioten nur natürlich war. Da Philipp das entgegengesetzte Ziel hatte, so war ein neuer Konflikt mit ihm unausbleiblich. Demosthenes sah dies klar voraus,²) und da er sich ebenfalls nicht verhehlte, dafs Athen allein dem makedonischen Reiche schwerlich noch gewachsen war, so suchte er auch deshalb schon eine Einigung der Griechen unter athenischer Leitung herbeizuführen. Ob dies noch möglich war bei den zerfahrenen Verhältnissen in Griechenland und in Athen selber, und ob, selbst wenn Philipp unterlegen wäre, Athen aus eigener Kraft geordnete Zustände hätte herstellen können, das erscheint uns sehr fraglich — aber Demosthenes jedenfalls glaubte und hoffte es.³) Und wer will es ihm verargen, dafs er nicht mutlos an der Kraft und an der Zukunft seiner Vaterstadt verzweifelte? Auch persönlicher Ehrgeiz mag ihn geleitet haben, aber er glaubte ohne Zweifel dem wahren Interesse seiner Heimatstadt und des gesamten Vaterlandes zu dienen. Bei seinen „Deklamationen" gegen Philipp, den „Barbaren", der Hellas zu unterjochen strebe, hat er wohl sehr übertrieben, aber doch nicht nur geheuchelt

---

1) Vgl. Schäfer II. 345. Beloch, Gr. Gesch. II. 509.
2) Z. B. VI. 17: $\mathring{\alpha}\rho\chi\epsilon\iota\nu$ $\beta o\acute{v}\lambda\epsilon\tau\alpha\iota$, $\tauο\acute{v}\tauο\upsilon$ $\delta'\mathring{\alpha}\nu\tau\alpha\gamma\omega\nu\iota\sigma\tau\mathring{\alpha}\varsigma$ $\mu\acute{ο}\nu ο\upsilon\varsigma$ $\mathring{\upsilon}\pi\epsilon\acute{\iota}\lambda\eta\varphi\epsilon\nu$ $\mathring{\upsilon}\mu\mathring{\alpha}\varsigma$.
3) Allerdings ist Demosthenes, wie von mancher Seite (z. B. neuerdings von E. Schwarz, „Demosth. erste Philipp." in der Festschrift zu Th. Mommsens 50jährigem Doktorjubiläum 1893) ihm vorgeworfen wird, der Frage nie näher getreten, was zu thun sei, wenn Philipp besiegt wäre oder wenn es gar keinen Philipp gäbe. Aber vorerst nahm ja eben der Kampf gegen jenen seine ganze Kraft in Anspruch.

und nur wider besseres Wissen verleumdet. Die Makedonen galten ihm, wie den meisten Griechen, als Barbaren, mögen sie auch ursprünglich ein hellenischer Stamm gewesen sein; übrigens haben auch diese selbst sich schwerlich für Griechen gehalten, wie ihr Benehmen noch unter Alexander und den Diadochen zeigt.[1]) Für Demosthenes war Philipp wirklich der fremde Gewaltherrscher, der die Griechen umgarnen und knechten wollte, und des Königs Verfahren gegen Olynth gab ihm Anlaſs genug zu diesem Glauben, so berechtigt es auch von dessen Standpunkt aus war. In einem Punkte allerdings täuschte er sich — vielleicht auch nur das Volk — nämlich darin, daſs Philipp es auf die Vernichtung Athens abgesehen habe.[2]) Wäre das dessen Wille gewesen, so hätte er sicher die Gelegenheit nicht versäumt im Jahre 346, als Athen ganz isoliert dastand, einen amphiktyonischen Krieg zu beginnen und so die Stadt unter den günstigsten Aussichten anzugreifen.[3]) Mag nun aber Demosthenes an jene Absicht seines Gegners geglaubt haben oder nicht, sie gab ihm eins der wirksamsten Mittel die Athener für seine Politik zu gewinnen. Diese deutet er schon in der Friedensrede (346) ziemlich offen an:[4]) Athen muſs den eben geschlossenen Frieden nur als einen Waffenstillstand betrachten, um Bundesgenossen und Geldmittel zu sammeln — natürlich zu dem Zwecke einen neuen Krieg erfolgreicher zu führen. Die Niederwerfung Philipps aber war vom athenischen Standpunkte aus eine wohl berechtigte Forderung. Denn des Königs offenkundige Absicht Thrakien sich zu unterwerfen bedrohte den athenischen Besitz auf dem Chersones und die Beherrschung der Wasserstraſsen nach dem Pontus, von denen Athens ganze Machtstellung abhing. Und wenn auch jener von Haus aus keineswegs Athen feindlich gesinnt war, wenn er auch wirklich „ein aufrichtiges Einvernehmen zwischen der ersten Seemacht und der ersten Landmacht in Hellas"[5]) wünschte, so galt doch dies nur unter der Voraussetzung, daſs Athen sich seinen Plänen unterordnete, was Demosthenes eben nicht wollte. Doch auch abgesehen davon stand es unzweifelhaft sicherer da, wenn Philipp gedemütigt, als wenn es auf den guten Willen dieses über-

---

1) Ich erinnere nur an das Schicksal des Eumenes.
2) VIII. 60: οὐ γὰρ ἐφ' αὑτῷ τὴν πόλιν ποιήσασθαι βούλεται Φίλιππος, ἀλλ' ὅλως ἀνελεῖν.
3) Vgl. Beloch, Att. Polit. S. 199f., Gr. Gesch. II. 519f.
4) V. 13.
5) Beloch, Att. Polit. S. 200, vgl. Gr. Gesch. II. 509. 520.

mächtigen Nachbars angewiesen war. Man kann also meines Erachtens die Tendenz der demosthenischen Politik nicht tadeln, wenn man die Gründe, die ihn leiteten, in Rechnung zieht.

Ganz unberechtigt scheint mir der Vorwurf, den Beloch[1]) Demosthenes macht: er habe gewissermafsen Hochverrat an Griechenland geübt, dadurch dafs er Philipp entgegentrat, der doch die Griechen zum Kampfe gegen den Nationalfeind einigen wollte, und dafs er dem Perserkönig sogar um Hilfe gegen diesen anging und Geld von ihm nahm. Auch Demosthenes war ursprünglich durchaus kein Perserfreund[2]) und hätte jedenfalls die Befreiung der griechischen Städte in Kleinasien sehr gern gesehen. Für das europäische Griechenland aber waren die Perser seit langem ungefährlich, während Philipp sichtlich nach Hegemonie, oder wie Demosthenes es ansah, nach Unterwerfung der Griechen strebte. So durfte er wohl, um diesen zu bekämpfen, auch an Persien Anlehnung suchen, eben um die Freiheit Griechenlands zu verteidigen. Dafs er sich für Philipps Versprechen die asiatischen Hellenen zu befreien nicht begeistern konnte, ist begreiflich, da er sah, wie dieser die Griechen in der Chalkidike behandelte, wie er Thessalien sich unterwarf, in Euböa Tyrannen einsetzte u. a. m. Ihm galt ja doch die makedonische Herrschaft ebensowohl als Fremdherrschaft wie die persische. — Und ist sie denn in der That für Griechenland etwas anderes geworden? — So konnte Demosthenes die Politik Philipps nicht als eine nationale erscheinen; und dieser hat auch in erster Linie nicht Griechenland zu einigen, sondern sein Reich und seine Macht zu erweitern gesucht. So wenig man ihm, als dem Könige Makedoniens, daraus einen Vorwurf machen darf, so wenig sollte man es dem Athener Demosthenes verübeln, dafs er dagegen ankämpfte. Er wollte nicht die Einheit mit dem Verluste der Freiheit — wie er sie verstand — erkaufen; und konnte er überhaupt im Hinblicke auf die Geschichte Makedoniens vor Philipp diesem Staate die Fähigkeit zutrauen Griechenland zu dauernder Einigung zu führen? Auch läfst sich nicht erweisen, dafs der

---

1) Att. Polit. S. 215: „Gegen die Allianz mit dem Grofskönig mufste sich sträuben, wer nur einen Funken Nationalgefühl in der Brust hatte." S. 220. 225; vgl. S. 240: „Demosthenes, dieser 'Vorkämpfer der hellenischen Freiheit', trug kein Bedenken, sich zum Vertreter der persischen Interessen in Griechenland herzugeben." Gr. Gesch. II. 548f.

2) Dem. XIV. 3: ἐγὼ νομίζω κοινὸν ἐχθρὸν ἁπάντων τῶν Ἑλλήνων εἶναι βασιλέα.

Widerstand gegen Makedonien von vornherein aussichtslos war. Denn wie sehr auch Philipp die Macht seines Landes erhöht hatte, so war doch Griechenland, wenn es nur einmütig war, ihr vollkommen gewachsen; hat doch schon der hellenische Bund, den Demosthenes zu stande brachte, und der noch bei weitem nicht alle griechischen Streitkräfte umfaſste, Philipp eine ernste Gefahr bereitet. In Athen selbst war unter der Bürgerschaft die alte Tüchtigkeit noch nicht erstorben, wie die Anstrengungen während des Krieges zeigten, wo Demosthenes das Volk sogar vermocht hat auf die $\vartheta\varepsilon\omega\varrho\iota\varkappa\grave{\alpha}$ zu verzichten. Endlich beruhte die Gröſse Makedoniens, wie seine frühere und spätere Geschichte zeigt, allein auf der Person des Herrschers.[1]) Wäre Philipp gefallen, ehe er sein Ziel erreichte oder ohne ebenbürtigen Nachfolger, so hätte Athen und Griechenland von Makedonien wenig zu fürchten gehabt.

Tadelnswert an Demosthenes Politik können nur die Mittel erscheinen, die er anwandte, um in Athen durchzudringen: die Verdächtigung aller einheimischen und auswärtigen Gegner, die Unwahrheiten, die er zur Aufreizung des Volkes vorbrachte,[2]) die Art, wie er schlieſslich den Krieg vom Zaune brach.[3]) Doch darf man dabei die Schwierigkeiten nicht vergessen, die Demosthenes in seiner Vaterstadt selbst zu überwinden hatte. Schwerer für ihn als Staatsmann wiegt der Fehler, daſs er Philipps Macht und vor allem seine Feldherrntüchtigkeit unterschätzte. Denn der endliche Sieg des Königs ist doch nur durch die Überlegenheit seines Heeres und seiner Führung gewonnen, und Athens Verhängnis ist es gewesen, daſs es wohl einen groſsen Staatsmann in Demosthenes, aber keinen Feldherrn besaſs, der Philipp gewachsen war.

I. Die Friedensjahre 346—342.

Demosthenes hatte dem philokrateischen Frieden zugestimmt und ihn selber verfochten, weil er einsah, daſs Athen, um Philipp die Spitze zu bieten, der Sammlung neuer Kräfte und der Unterstützung durch Bundesgenossen bedurfte. Er war

---

1) Vgl. Dem. IX. 72: $\dot{\varepsilon}\pi\varepsilon\iota\delta\dot{\eta}\ \gamma\dot{\alpha}\varrho\ \dot{\varepsilon}\sigma\tau\iota\ \pi\varrho\grave{o}\varsigma\ \check{\alpha}\nu\delta\varrho\alpha\ \varkappa o\upsilon\chi\grave{\iota}\ \sigma\upsilon\nu\varepsilon\sigma\tau\omega\acute{o}\sigma\eta\varsigma\ \pi\acute{o}\lambda\varepsilon\omega\varsigma\ \dot{\iota}\sigma\chi\grave{\upsilon}\nu\ \dot{o}\ \pi\acute{o}\lambda\varepsilon\mu o\varsigma$.
2) Z. B. die wissentlich falsche Behauptung, daſs Philipp die thrakischen Plätze erst, nachdem er den Frieden beschworen, weggenommen habe (IX. 15), oder die Entstellung der Thatsachen: $\varepsilon\dot{\iota}\varsigma\ \Phi\omega\varkappa\dot{\varepsilon}\alpha\varsigma\ \dot{\omega}\varsigma\ \varepsilon\dot{\iota}\varsigma\ \sigma\upsilon\mu\mu\dot{\alpha}\chi o\upsilon\varsigma\ \pi o\varrho\varepsilon\dot{\upsilon}\varepsilon\tau\alpha\iota$ (ibid. 11).
3) Vgl. Beloch, Att. Pol. 215 ff.

aber von vornherein überzeugt, dafs er den Frieden nur als Waffenstillstand zu betrachten habe, denn er konnte es nicht dulden, dafs Philipp in Griechenland für die Dauer festen Fufs fafste.[1]) Zunächst aber war er, wenn auch in der auswärtigen Politik sein Einflufs schon überwog, noch damit beschäftigt in Athen selbst die Regierung in seine Hand zu bringen. Dies gelang ihm in den Kämpfen der Volksversammlung und der Gerichte bis zum Jahre 343, in dem ein Führer der makedonischen Partei, Philokrates, verurteilt wurde und Aeschines nur mit genauer Not dem gleichen Schicksal entging. Bis zu diesem Jahre beschränkt sich deshalb die äufsere Politik Athens im wesentlichen auf Verhandlungen mit Philipp über die Abänderung des Friedens, wobei der Zweck der Kriegspartei nur ist den Streit fortzuspinnen. Vom Jahre 343 ab steigt Demosthenes' Einflufs in Athen fortwährend: 342 setzt er den offenen Bruch mit Makedonien, 340 die Kriegserklärung durch und hat nun fast unumschränkt in Athen (zeitweilig auch in Theben) die Leitung der Geschäfte. Gleichzeitig ist die athenische Politik mit Eifer und Erfolg bemüht dem Umsichgreifen des makedonischen Einflusses zu wehren und Bundesgenossen zu finden.

König Philipp benutzte die Mufse, die ihm der Frieden brachte — die erste Friedenszeit in seiner Regierung — zuerst zur inneren Festigung seines Reiches und zur Vermehrung seiner Hilfsquellen.[2]) Er that viel für die Hebung seiner Seemacht, für die Ausrüstung und Ausbildung des Heeres, für die Vergröfserung der Einnahmen. An den Grenzen legte er feste Plätze an und bevölkerte sie mit den Einwohnern anderer Gebiete. Justinus[3]) erzählt, wie Philipp (nach der Unterwerfung der Phoker) „Völker und Städte nach seiner Willkür verpflanzt" habe. Jedenfalls hat er innerhalb der Bevölkerung seines Reiches grofse Verschiebungen vorgenommen; denn um die Grenzen gegen die barbarischen Nachbarn zu sichern, bedurfte er makedonischer oder griechischer Ansiedler. Köhler[4]) hat die sehr ansprechende Vermutung aufgestellt,

---

1) VI. 35: τοῦ πρὸς τὴν Ἀττικὴν πολέμου, ὅς ... γέγονε δ' ἐν ἐκείνῃ τῇ ἡμέρᾳ (an dem die Thermopylen und Phokis in Philipps Hand fielen). IX. 19: ἀφ' ἧς ἡμέρας ἀνεῖλε Φωκέας, ἀπὸ ταύτης ἔγωγ' αὐτὸν πολεμεῖν ὁρίζομαι.
2) S. Schäfer II. 343f.
3) VIII. c. 5f. (wahrscheinlich nach Theopomp).
4) Philipp II. und die chalkid. Städte, Sitzungsber. d. Berl. Akad. 1891. 1. S. 473ff., wo sich auch die Belege für das Folgende finden.

dafs der König besonders die griechischen Einwohner der Chalkidike dazu verwandt habe. Nach Demosthenes' Behauptung[1]) sind alle chalkidischen Städte bis auf den Grund zerstört: das ist sicher übertrieben, da für eine Anzahl von ihnen das Bestehen noch aus späterer Zeit bezeugt ist.[2]) Aber Philipp hat ohne Zweifel ihnen nicht blofs die Selbständigkeit genommen, sondern auch die griechische Bevölkerung, wenigstens zum Teil, fortgeführt; denn zu Alexanders Zeit ist ein Teil der makedonischen Hetären in der Chalkidike ansässig und mit ihnen wohl auch makedonische Bauern. Wahrscheinlich sind die griechischen Einwohner, die diesen weichen mufsten, in jenen Grenzlanden angesiedelt. Während an der Küste ihre Treue immer zweifelhaft geblieben wäre, mufsten sie dort im eigenen Interesse sich fest an den König anschliefsen, der allein sie schützen konnte, und sie trugen, mehr noch als die Makedonen, Kultur und Gesittung in die bisher barbarischen Gebiete. Dadurch beseitigte Philipp zugleich jeden Stützpunkt für einen feindlichen Angriff von der Seeseite her. Ebenso wie Griechen und Makedonen hat er auch Teile der unterworfenen Dardaner, Päoner, Thraker, Illyrier aus ihren Stammsitzen weggeführt.[3]) Diese Verpflanzungen und Vermischungen der Einwohner trugen sehr viel dazu bei die verschiedenen Nationen des Reiches zu einem Volke und zu einem Staatswesen zusammenzuschmelzen.[4]) Ebenso dienten sie auch dazu die griechische Kultur auszubreiten, wie in noch höherem Grade die Kolonien, die der König in Thrakien nach der völligen Unterwerfung dieses Landes gründete. Auch diese Eroberung nämlich suchte er, um dies gleich vorwegzunehmen, durch Kolonien zu sichern, die mit Makedonen und Griechen bevölkert wurden und zu Kulturmittelpunkten erwuchsen.[5]) Philippopolis, das noch heute den Namen seines Gründers trägt, und Kalybe (Πονηρόπολις) werden uns als solche genannt, aber ihre Zahl war sicherlich viel gröfser.[6]) So wurde durch Philipps Politik im Norden sowohl sein Reich erweitert und befestigt, wie die hellenische Kultur über das Innere der Balkanhalbinsel

---

1) IX. 26.
2) Vgl. auch Beloch, Gr. Gesch. II. 505. 1.
3) Ein Beispiel bietet Polyaen IV. 2. 12.
4) Justin. a. a. O.: Atque ita ex multis gentibus nationibusque unum regnum populumque constituit.
5) Vgl. Schäfer II. 448 f.
6) Theopomp scheint näheres auch hierüber berichtet zu haben, uns ist jedoch leider nichts davon erhalten aufser einigen Namen bei Geographen und Lexikographen.

ausgedehnt. Es hat damit das Werk begonnen, das sein Sohn Alexander und dessen Nachfolger in Asien und Ägypten in gröfserem Mafsstabe fortgeführt haben, während in Europa nur Lysimachos in seine Fufsstapfen getreten ist.

Die eben geschilderte friedliche Thätigkeit nahm aber Philipps Zeit nicht lange ausschliefslich in Anspruch. Schon im Jahre 345 wieder führte er einen erfolgreichen Krieg gegen die **Dardaner, Illyrier und Triballer**. Diese ewig unruhigen Nachbarn wurden jetzt wenigstens soweit gebändigt, dafs sie zu Philipps Lebzeiten keinen Einfall in Makedonien mehr wagten, wenn auch die Illyrier — im Anschlufs an den griechischen Krieg — noch einmal 337 von ihm bekämpft werden mufsten. Vielleicht hat Philipp damals schon sein Reich bis an das adriatische Meer ausgedehnt.[1]) Darauf versicherte er sich **Thessaliens** noch fester, besetzte Pherä, wo sich Widerstand gegen ihn erhoben zu haben scheint, und andere Städte und richtete oligarchische Regierungen ein. Wie die Thessaler schlossen auch die benachbarten Stämme, die Änianen, Doloper, Phthioter, ein Bündnis mit Makedonien.

Zugleich aber bemühte sich der König seinen Einflufs im eigentlichen **Griechenland** weiter auszudehnen und zwar, wie oben schon angedeutet, auf friedlichem Wege. Fast überall verfolgte er den Grundsatz nicht selbst mit Heeresmacht einzuschreiten, sondern ihm zugethane Parteien oder einzelne Männer ans Ruder zu bringen und den Schutz der schwächeren Staaten gegen die stärkeren zu übernehmen, um so allmählich die Leitung aller Verhältnisse in seine Hand zu bekommen.[2]) So griff er in die Händel im **Peloponnes** ein. Hier herrschte ganz heillose Zerrüttung und Unsicherheit. Sparta war seit Epaminondas auf sein Stammland beschränkt, gab aber, obwohl im Grunde machtlos, doch die alten Ansprüche nicht auf und bedrohte die ihm zum Trotz begründeten Gemeinden von Messene und Megalopolis; dazu dauerte die Jahrhunderte alte Fehde mit Argos noch fort. Diese Staaten waren noch ohnmächtiger als

---

1) S. Schäfer III. 64. 2.
2) Vgl. die Schilderung, wie Philipp sich Thessalien unterthänig machte, bei Polyaen. IV. 2. 19: Φίλιππος ποθῶν κτήσασθαι Θεσσαλίαν αὐτὸς μὲν φανερῶς οὐκ ἐπολέμει Θεσσαλοῖς. Πελινναίων δὲ πολεμούντων Φαρσαλίοις καὶ Φεραίων Λαρισαίοις, τῶν δὲ ἄλλων ἐς τούτους διῃρημένων ἀεὶ προσεβοήθει τοῖς καλοῦσι. νικῶν δὲ οὐκ ἀναστάτους ἐποίει τοὺς ἡττωμένους, ὅπλα οὐ παρῃρεῖτο, τείχη οὐ κατέβαλλε, τὰς στάσεις ἔτρεφε μᾶλλον ἢ ἔλυεν, τῶν ἀσθενεστέρων ἐπεμελεῖτο, τοὺς δυνατωτέρους καθῄρει, τοῖς δήμοις φίλος ἦν, τοὺς δημαγωγοὺς ἐθεράπευεν· τούτοις τοῖς στρατηγήμασι Φίλιππος ἐκράτησε Θεσσαλίας, οὐ τοῖς ὅπλοις.

Sparta und aufser stande sich selbst zu schützen. Auch Theben war dazu nicht mehr fähig, und Athen hatte thöricht genug die Gelegenheit sie in seine Klientel aufzunehmen verabsäumt.[1]) So wandten sie sich jetzt an Philipp, der natürlich gern die Möglichkeit benutzte im Peloponnes Anhang zu gewinnen. Er verlangte von Sparta Anerkennung der Unabhängigkeit Messeniens, schickte Söldner nach Argos und Messene und versprach selbst mit einem Heere zu erscheinen. Eine athenische Gesandtschaft, die unter Demosthenes' Führung die Peloponnesier von dem Bündnis mit Makedonien abwendig zu machen suchte, hatte keinen Erfolg.[2]) Es schien darauf abgesehen Sparta ganz zu vernichten;[3]) dennoch ist es damals wohl zu einer Waffenruhe im Peloponnes gekommen, da Archidamos seinen Zug nach Kreta und dann nach Tarent unternehmen konnte. Philipp hatte vorerst noch in ihm näher liegenden Gegenden zu thun, und sein Anhang auf der Halbinsel mehrte sich auch ohne sein persönliches Eingreifen. In Elis fanden blutige Parteikämpfe statt, und die Aristokraten, welche die Oberhand behielten, suchten Anlehnung an Philipp; so wurde Elis, dem der Besitz von Olympia noch immer ein gewisses Ansehen gab, von diesem abhängig. Auch der Tyrann Aristratos von Sikyon schlofs sich an ihn an. Der makedonische Einflufs beherrschte somit fast den ganzen Peloponnes. Nicht minder ausgedehnt war Philipps Thätigkeit in Mittelgriechenland. In Megara versuchten seine Anhänger Perillos und Ptöodoros mit makedonischen Söldnern die Herrschaft für sich zu gewinnen; doch scheiterte dieser Anschlag, da die Megarer von Athen Hilfe erhielten. Infolge dessen traten sie in enge Beziehungen zu den Athenern und schlossen wohl damals (343) schon ein Bündnis mit ihnen. Dagegen gelang es Philipp auf Euböa in den Jahren 343 und 342 in den wichtigsten Städten, aufser in Chalkis, Machthaber aus seinen Anhängern einzusetzen: in Eretria Kleitarchos und in Oreos Philistides; der Widerstand der Gegenparteien wurde durch makedonische Truppen niedergeschlagen. Doch schlugen Philipps Versuche auf Gerästos fehl, und Chalkis schlofs sich an Athen an.[4])

Um dieselbe Zeit fafste der König im Westen Griechenlands festen Fufs. Er vertrieb im Winter 343/2 den Molosserkönig Arybbas aus Epirus und setzte seinen Schwager Alexander, den Bruder der Olympias, zum König ein, dem er auch die

---
1) Im J. 352, als Megalopolis um Hilfe bat.
2) Vgl. unten S. 15.
3) Dem. VI. 16. Isocr. V. 74.
4) S. unten S. 17 f.

Küstenlandschaft Kassopien unterwarf. Alexander beherrschte nun Epirus als makedonischer Vasall, während Arybbas nach Athen floh. Philipp aber ging noch weiter vor: er zog gegen Ambrakia, bedrohte Akarnanien und Leukas und schlofs einen Bund mit den Ätolern, denen er das von den Achäern besetzte Naupaktos versprach. Man erwartete sogar, dafs er nach dem Peloponnes hinübergehen würde. Da traten ihm aber die Athener in den Weg, die sogar Truppen nach Akarnanien schickten.[1]) Der König wollte es noch nicht zu einem offenen Kampfe kommen lassen und zog ab nach Thessalien, wo ebenfalls athenische Umtriebe thätig gewesen waren. Dort traf er neue Mafsregeln, um das Land völlig in seine Gewalt zu bringen. Er besetzte Nikäa und Echinos, feste Plätze zu beiden Seiten des Thermopylenpasses, auf die Theben Anspruch erhob, ebenso Antron, den Überfahrtsort nach Euböa, und liefs ein Truppenkorps unter Parmenion hier stehen. Ferner änderte er die Verfassung Thessaliens, er zerteilte es in die vier alten Landschaften Thessaliotis, Phthiotis, Pelasgiotis und Hestiäotis und setzte Tetrarchen über diese Teile.[2]) So war eine einheitliche Erhebung des Landes unmöglich gemacht, die vier Fürsten waren ganz von Philipp abhängig, der auch über die Streitkräfte des Landes unbedingt verfügte. Doch scheinen diese Einrichtungen nicht, wie Demosthenes es darstellt,[3]) in Thessalien schwer empfunden zu sein; wenigstens sind die Thessaler bis zum lamischen Kriege hin stets Makedonien treu geblieben.

So hatte Philipp bis zum Jahre 342 hin seinen Einflufs in allen Teilen Griechenlands ausgedehnt und befestigt; auch mit Theben und dem von diesem abhängigen Lokris war er noch verbündet, wenn auch die Thebaner infolge ihrer nicht erfüllten Hoffnungen auf Herrschaft in Mittelgriechenland und neuerdings durch die Besetzung von Echinos und Nikäa gegen ihn gereizt waren. Von den Staaten von einiger Bedeutung war nur Sparta von seinem Einflusse unberührt, aber dies spielte damals in Griechenland gar keine Rolle. Er hatte sich also seinem Ziele, der Hegemonie in Hellas, stark genähert. Sein Verfahren dabei war ganz das gleiche, das vor ihm Athen und Sparta angewandt hatten: Unterstützung der makedonisch gesinnten Parteien und Einsetzung gefügiger Regierungen in den

---

1) S. unten S. 18.
2) Über das Verhältnis dieser τετραρχίαι zu den früher eingerichteten δεκαδαρχίαι (Dem. VI. 22) scheint mir Schäfer (II. 346. 430.*) das Richtige getroffen zu haben.
3) IX. 26.

einzelnen Staaten; dazu kam ihm überall die Stimmung der Gebildeten und Besitzenden entgegen. Keineswegs waren diese Schritte alle direkt gegen Athen gerichtet, wie Demosthenes[1]) es ansieht und ihm folgend viele neuere Historiker.[2]) Diese Ansicht verrät eine Überschätzung Athens. Für Philipp, der doch — um von seiner Politik im Norden hier ganz abzusehen — das gesamte Griechenland seiner Führung unterwerfen wollte, war Athen nur ein Staat wie die andern, wenn auch zweifelsohne der mächtigste. Wie in den übrigen Städten, so hatte er auch in Athen eine Partei, die ihm zum mindesten nicht feindlich gegenüberstand; ihre Hauptvertreter waren Eubulos, Phokion, Aeschines, Philokrates. Diese Partei hatte bis zum Jahre 346 die Regierung geführt, und auch in den ersten Friedensjahren konnte der König noch erwarten, dafs sie sich am Ruder behaupten würde. Sein ganzes Verhalten gegen Athen zeigt, dafs er darauf rechnete, und er that seinerseits alles, um ihren Einflufs zu heben. Wenn aber die Partei des Demosthenes durchdrang, die für Athen die Hegemonie beanspruchte und Philipp aus Griechenland verdrängen wollte, dann freilich mufste es zu einem neuen Kriege kommen, und in diesem Falle war jeder Fortschritt der makedonischen Macht eine Bedrohung für Athen.

Dieser Umschwung aber trat schon bald nach dem Frieden des Philokrates ein, und gerade in der äufseren Politik kam Demosthenes' Einflufs am ersten zur Geltung. Seit dem Frieden trat in den Verhandlungen zwischen Athen und Makedonien eigentlich nie ein Stillstand ein. Nachdem der phokische Krieg endgültig erledigt war, und Athen wohl oder übel Philipps Aufnahme in den Amphiktyonenrat hatte anerkennen müssen, gaben dessen thrakische Eroberungen den Stoff zu neuen Verhandlungen. Wie die athenische Kriegspartei glaubte oder vielmehr vorgab, hatte der König dadurch, dafs er Kersobleptes unterwarf und die athenischen Besatzungen aus dessen festen Plätzen vertrieb, gegen den Friedensvertrag gehandelt, obwohl die Operationen in Thrakien beendigt waren, ehe Philipp den Frieden beschwor. So verlangte sie, Kersobleptes sollte noch nachträglich in den Frieden eingeschlossen und seine Festungen zurückgegeben werden. Natürlich ging Philipp darauf nicht ein, und eine athenische Gesandtschaft unter Eukleides war

---

1) VI. 16: ἐκ πάντων δὲ.. πάντα πραγματεύεται κατὰ τῆς πόλεως συντάττων.
2) Schäfer II. 348. Curtius, Gr. Gesch. III.⁶ 624 f.

vergeblich. Demosthenes und seine Freunde erwarteten selber
gewifs keinen andern Erfolg, dennoch fanden sie ihre Rechnung
dabei, da sie so Gelegenheit hatten Philipp als vertragsbrüchig
hinzustellen und das Volk gegen ihn und seine Anhänger einzunehmen. Indessen verhielt sich der König, obwohl er in der
Sache nicht nachgeben konnte, in der Form äufserst verbindlich
und machte allerlei Verheifsungen, die seine Parteigänger in
Athen zu benutzen nicht unterliefsen. Dafs er durch dies freundschaftliche Benehmen von vornherein nur die Athener habe
täuschen und in falsche Sicherheit wiegen wollen, ist eine Ver-
kennung seiner Absichten; er suchte dadurch vielmehr die
Stellung seiner Anhänger zu stärken, die gerade damals durch
die Verurteilung des Timarchos einen Sieg über Demosthenes
gewonnen hatten. Wären sie im Besitze der Gewalt geblieben,
so hätte ja Athen sich ihm ohne Widerstand untergeordnet, und
dann hätte er es gewifs sehr gnädig behandelt.

Wohlwollend zeigte sich Philipp auch in dem Streite
um das delische Heiligtum, obwohl die Athener eben
wieder ihr Mifstrauen gegen ihn verraten hatten; ein gewisser
Antiphon nämlich, der beschuldigt wurde im Dienste Philipps
die Flotte und die Werften anzünden zu wollen, war auf
Demosthenes' Betrieb hingerichtet worden. Die Delier fochten
das Eigentumsrecht Athens an den Apollotempel ihrer Insel an
und brachten die Klage vor den Rat der Amphiktyonen, auf
dessen athenerfeindliche Stimmung sie rechneten. Auch hier
zwar bewiesen die Athener sich argwöhnisch gegen Philipp,
denn die Wahl des makedonisch gesinnten Aeschines zum Vertreter in Delphi wurde aufgehoben und an seine Stelle Hypereides,
der Freund des Demosthenes gesetzt. Dennoch liefs der König
es geschehen oder bewirkte es selbst, dafs die Klage abgewiesen
wurde. Auch hier hat man ihm die Anstiftung der Delier schuld
geben wollen,[1] was ganz widersinnig ist. Denn Philipp hatte
die Amphiktyonen, die Athen ohnehin nicht freundlich gesinnt
waren, ganz in seiner Hand, und es hätte ihn keine Mühe gekostet eine Verurteilung durchzusetzen; die Beredsamkeit der
athenischen Gesandten hätte das schwerlich verhindern können. -
Deshalb setze ich auch mit Beloch[2] diesen Streit ins Jahr 345/4,
während Schäfer[3] das Frühjahr 343 annimmt. Denn damals
hatte die antimakedonische Partei schon so offenbar das Über-

---

1) Schäfer II. 371. Curtius III. 637f.
2) Att. Polit. 204.⁴. Gr. Gesch. II. 573.³.
3) II. 372 ff.

gewicht, und Athen hatte durch die Gesandtschaft in den Peloponnes (344) und die Verurteilung des Philokrates sich Philipp schon so feindlich gegenübergestellt, dafs dieser kaum geneigt sein konnte das athenische Interesse in Delos wahrzunehmen. Ein Beschlufs der Amphiktyonen gegen Athen hatte ihm damals, auch ohne dafs er schon wirklich einen Krieg beabsichtigt hätte, ein vortreffliches Mittel geboten einen Druck auf das Volk auszuüben.[1)]

Je mehr aber die Partei des Demosthenes an Boden gewann, desto schärfer prägte sich in der athenischen Politik der Gegensatz zu Makedonien aus. Im Jahre 344 schickten, wie oben erwähnt ist, die Athener eine Gesandtschaft in den Peloponnes, um den Fortschritten Philipps entgegenzutreten. Allerdings ohne Erfolg; die Peloponnesier beschwerten sich sogar in Athen wegen dessen Parteinahme für Sparta, während im Verein mit ihnen makedonische Gesandte über die Verleumdungen gegen ihren König Klage führten.[2)] Entweder damals[3)] oder wahrscheinlicher — da in der zweiten Philippika von den gleich zu erwähnenden Vorschlägen Philipps noch keine Rede ist — nicht lange darauf, im Anfange des Jahres 343,[4)] versuchte Philipp noch einmal durch ein günstiges Anerbieten die Stimmung in Athen für sich zu gewinnen: seine Gesandten, von denen uns Python von Byzanz genannt wird, forderten die Athener auf Vorschläge zur Revision des Friedens vom Jahre 346 zu machen. Natürlich versprach er nicht alles, was sie ändern würden, ohne weiteres zu genehmigen, wie Hegesippos[5)] die Sache darstellt. Seine Absicht bei diesem Entgegenkommen schlug jedoch völlig fehl, und seine Gegner wufsten es sogar sehr geschickt als Waffe gegen ihn zu benutzen. Auf Hegesippos' Antrag verlangte Athen folgende Änderungen: erstens sollte statt der Bestimmung ‚ἑκατέρους ἔχειν ἃ ἔχουσιν‘ gesetzt

---

1) Wenn Demosthenes in der Gesandtschaftsrede die Absetzung des Aeschines als jüngst erst geschehen erwähnt (XIX. 209: τὸ τοίνυν τελευταῖον ἴστε δήπου πρώην ἐν Πειραιεῖ, ὅτ' αὐτὸν οὐκ εἰᾶτε πρεσβεύειν, βοῶντα κτλ.), so beweist das nicht, dafs sie in dasselbe Jahr (343) gehört.
2) Bei diesen Verhandlungen hielt Demosthenes seine zweite philippische Rede.
3) Wie u. a. Beloch (Att. Pol. 206) meint.
4) Vgl. Schäfer II. 376 ff.
5) In der Rede περὶ Ἁλοννήσου (Dem. VII.), unsrer Hauptquelle für diese Verhandlungen, § 22: εἰ δέ τι μὴ καλῶς γέγραπται ἐν τῇ εἰρήνῃ, τοῦτ' ἐπανορθώσασθαι, ὡς ἅπαντα Φίλιππον ποιήσοντα, ὅσ' ἂν ὑμεῖς ψηφίσησθε, vgl. § 18. — Diese Rede wird jetzt, wohl mit Recht, allgemein dem Hegesippos zugeschrieben; Beloch (Gr. Gesch. II. 539.¹) hält sie für eine Fälschung, doch aus sehr früher Zeit und nach guten Materialien.

werden ‚*ἑκατέρους ἔχειν τὰ ἑαυτῶν*‘,[1]) zweitens sollte die Freiheit und Autonomie aller Hellenen, die weder mit Philipp noch mit Athen verbündet wären, von beiden Mächten garantiert werden.[2]) Die zweite Forderung bezweckte Philipps Einfluſs in Griechenland, der sich ja vielfach auf Tyrannen stützte, zu schwächen und war deshalb für ihn schon ungünstig genug, dennoch hätte er sie vielleicht angenommen, wie er später dazu bereit war. Aber die erste Änderung war für ihn ganz unannehmbar. Der Frieden des Philokrates war ja eben auf Grund des damaligen Besitzstandes abgeschlossen, jetzt sollte diese Grundlage umgestoſsen und Philipp zur Herausgabe von Amphipolis, Pydna, Potidäa gezwungen werden! Daſs er auf solchen Vorschlag sich überhaupt einlieſs, war ausgeschlossen, und die Absicht der Antragsteller ging offenbar nur darauf den vollen Bruch mit ihm herbeizuführen.[3]) Auch die Wahl des Hegesippos zum Führer der Gesandtschaft nach Makedonien verrät diese Absicht, war doch Hegesippos als einer der hitzigsten Gegner des Königs bei diesem sicher nicht persona grata. So war es nicht zu verwundern, daſs Philipp die Gesandten sehr ungnädig empfing und sogar den attischen Dichter Xenokleides, der sie gastlich aufgenommen hatte, des Landes verwies. Über die Revision des Friedens war unter diesen Umständen keine Verhandlung möglich, aber auch in weniger wichtigen Punkten kam es nicht zu einer Einigung, so in dem Streite um Halonnesos. Von dieser Insel hatte Philipp einen Seeräuberhäuptling Sostratos vertrieben und sie in Besitz behalten. Die Athener verlangten ihre Herausgabe, da sie im attischen Bundesgebiet, unweit von Peparethos, belegen war. Philipp erbot sich sie ihnen zu schenken, aber Hegesippos wie Demosthenes bestanden darauf, daſs er sie — als das rechtmäſsige Eigentum Athens — **zurückgäbe**, und dies verweigerte jener. Wie Aeschines[4]) und die athenische Komödie, so spotten auch neuere Gelehrte[5]) über den „Streit um Silben", aber dieser hatte, so

---

1) A. a. O. §§ 18. 26.
2) A. a. O. § 30.
3) Die Steigerung der Ansprüche zeigt das Wachsen der Macht und des Selbstgefühls in der athenischen Kriegspartei; während die ersten Verhandlungen sich nur um die thrakischen Plätze drehten, verlangte man jetzt schon Amphipolis u. s. w., was doch in dem Frieden unzweideutig abgetreten war. Vgl. Dem. VI. 17 und Philipps Schreiben (Dem. XII) § 22.
4) III. 83. Ἁλόννησον ἐδίδου (Philipp), ὁ δ᾽ (Demosth.) ἀπηγόρευε μὴ λαμβάνειν, εἰ δίδωσιν ἀλλὰ μὴ ἀποδίδωσι, περὶ συλλαβῶν διαφερόμενος.
5) Beloch, Att. Pol. 208: „ein Doktrinarismus, den die Komödie wie die politische Opposition mit dem verdienten Spotte gegeiſselt hat."

geringfügig sein Gegenstand an sich war, doch einen tieferen Grund. Wenn Athen die führende Stellung in Griechenland gewinnen wollte, so mufste es unbedingt die Seeherrschaft behaupten, und dann war es ein Ehrenpunkt für den Staat diese Insel sich nicht von dem fremden Könige schenken zu lassen, sondern sein Recht darauf anerkannt zu sehen, oder aber sie mit den Waffen zurückzuerobern,[1]) wie es denn später auch geschehen ist. Diese Rücksicht erklärt es auch, weshalb Philipp, der sich sonst in unwichtigen Dingen stets nachgiebig zeigte, hierin den Athenern nicht entgegenkam. Die athenische Gesandtschaft kehrte also ohne jeden Erfolg heim. Philipp hätte jetzt schon Anlafs genug zu einer Kriegserklärung gehabt, und er brach wenigstens die diplomatischen Beziehungen mit Athen zeitweilig ganz ab; aber den Krieg begann er noch nicht. Ein offener Bruch war noch nicht erfolgt, und ein Umschwung in Athen erschien noch nicht ausgeschlossen. Jedenfalls wollte er auch seine Position in Griechenland wie im Norden erst noch verbessern. Er unternahm damals seinen Zug nach Epirus und gewann auf Euböa Eretria und Oreos.

In Athen erhielt indes die Kriegspartei nunmehr völlig die Oberhand. Aeschines entging kaum der Verurteilung, Demosthenes leitete unbestritten die äufsere Politik. Man kann nicht leugnen, dafs er seinem Ziele Philipps Fortschritte in Griechenland zu hemmen und die griechischen Staaten unter Athens Führung gegen ihn zu verbinden eifrig und nicht ohne Erfolg nachgegangen ist. Die nächste Gefahr im Falle eines Krieges drohte Athen von Euböa aus, wo durch Eretria Attika selber bedroht wurde, durch Oreos die Inseln Skiathos, Peparethos u. a., die noch zum Seebunde gehörten.[2]) Zum Schutz der Inseln war schon seit einiger Zeit ein Geschwader in Skiathos stationiert, wie auch in Thasos eine Flotte und ein Söldnerkorps unter Chares stand.[3]) Gegen Eretria und Oreos direkt vorzugehen

---

Gr. Gesch. II. 538.[4]. Spengel, die δημηγορίαι des Demosth., Abh. der philos.-philol. Kl. der bayr. Ak. d. W. IX. 1863, S. 93.
1) Vgl. Heges. § 6: ἵν' ἐνδείξηται (Philipp) ἅπασι τοῖς Ἕλλησιν, ὅτι Ἀθηναῖοι τὰ ἐν τῇ θαλάττῃ χωρία ἀγαπῶσι παρὰ τοῦ Μακεδόνος λαμβάνοντες. § 7 f: ὁπότε γὰρ ἡ μὲν δύναμις ἡ ὑμετέρα ... μὴ δύναται ὑμῖν τὰ ἐν τῇ θαλάττῃ χωρία σώζειν ... πῶς ὑμεῖς οὐχ ὁμολογουμένως ... τῶν ἐν τῇ ἠπείρῳ ἁπάντων ἀφέστηκατε καὶ ἐπιδείκνυτε ἅπασιν ἀνθρώποις, ὅτι οὐδὲ περὶ ἑνὸς αὐτῶν διαγωνιεῖσθε, εἴ γε περὶ τῶν ἐν τῇ θαλάττῃ, οὗ φατε ἰσχύειν, μὴ διαγωνιεῖσθε.
2) Dem. VIII. 36: δύ' ἐν Εὐβοίᾳ κατέστησε τυράννους, τὸν μὲν ἀπαντικρὺ τῆς Ἀττικῆς ἐπιτειχίσας, τὸν δ' ἐπὶ Σκίαθον.
3) C. I. A. II. 701. 19. 808. c. 81 = 809. d. 223.

war noch nicht ratsam, daher suchte Demosthenes wenigstens
dem makedonischen Einfluſs auf der Insel ein Gegengewicht
zu bieten und fand dies in Chalkis. Dort standen die Brüder
Kallias und Taurosthenes an der Spitze des Staates, diese planten
alle Städte Euböas zu einem Bunde zu vereinigen. Kallias
hatte darüber mit Philipp verhandelt, war aber von ihm abgewiesen worden — es lag ja nicht im makedonischen Interesse
die Bildung einer gröſseren Macht in Hellas zu befördern —
ebenso von Theben, und es drohte sogar, wie wenigstens Aeschines[1]) berichtet, ein Krieg Philipps und der Thebaner gegen
Chalkis. Nun wandte sich Kallias an Athen, und Demosthenes
setzte (im Jahre 343/2) den Abschluſs eines Bündnisses durch;
er bewog dabei die Bürger ihre Ansprüche auf Unterordnung
der Chalkidier aufzugeben. Der euböische Bund kam allerdings
erst später zu stande, nach der Befreiung von Oreos (341), nur
Gerästos mag sich sogleich an Chalkis angeschlossen haben.
Ebenso thätig zeigten sich die Athener in Westgriechenland.
Als Philipp Epirus erobert hatte und Ambrakia und Akarnanien
bedrohte, wurden Gesandte in den Peloponnes geschickt, und
zwar die Führer der antimakedonischen Partei, an ihrer Spitze
Demosthenes selber. Wenn auch ein förmliches Bündnis damals
noch nicht abgeschlossen wurde,[2]) so wird doch eine Verständigung
mit Korinth und Achaja schon angebahnt sein. Wahrscheinlich
sind die Gesandten auch nach Akarnanien, Leukas und Ambrakia
gegangen. Die Athener begnügten sich aber dieses Mal schon
nicht mehr mit diplomatischen Verhandlungen. Der vertriebene
Arybbas fand in Athen Aufnahme, er erhielt das Bürgerrecht,
und die Strategen wurden beauftragt Maſsregeln zu treffen, um
ihn und seine Söhne (Alketas und Alexander) wieder in ihr
Reich einzusetzen.[3]) Dieser Beschluſs kam allerdings nicht zur
Ausführung, aber die Athener schickten auch Truppen, und
zwar Bürger, nach Akarnanien. Sie waren also entschlossen
Philipps weiterem Vordringen mit Waffengewalt zu begegnen.
Dies war ein offenbar feindseliger Schritt, ebenso der Versuch,
den sie damals machten, Thessalien aufzuwiegeln.

Der König vermied noch den offenen Bruch, eine neue
Gesandtschaft Philipps nahm vielmehr (im Jahre 342)
den nach Hegesippos' Sendung abgebrochenen diplomatischen

---

1) III. 90.
2) Belochs Ansicht, daſs der hellenische Bund des Demosthenes
schon im Jahre 343/2 abgeschlossen sei, scheint mir nicht haltbar, wie ich
unten des weiteren ausführen werde.
3) C. I. A. II. 115.

Verkehr noch einmal auf. Er hatte die Absicht jetzt Thrakien völlig zu unterwerfen, wobei ihm Athen leicht grofse Schwierigkeiten bereiten konnte, und suchte deshalb die athenische Bürgerschaft, deren Kriegsunlust er wohl kannte, durch Konzessionen zu beruhigen. Es wird kaum zu entscheiden sein, ob er noch im Ernst ein gutes Einvernehmen herzustellen gedachte, oder ob er nur den Bruch hinausschieben wollte, um noch mehr Vorteile zu gewinnen für den Entscheidungskampf, den er ja selbst nach der Kriegserklärung nicht sogleich begonnen hat. Jedenfalls waren seine Anerbietungen für Athen sehr günstig und ehrenvoll. Er kam mit ihnen auf die Anträge des Hegesippos zurück: in die Änderung der Friedensgrundlage konnte er selbstverständlich nicht einwilligen, aber er erklärte sich jetzt bereit die Selbständigkeit der übrigen Hellenen auch seinerseits zu garantieren. Ferner versprach er aufs neue Halonnesos abzutreten und erbot sich auch ein Schiedsgericht über die Frage des rechtmäfsigen Besitzes entscheiden zu lassen — selbst bei einem für ihn günstigen Urteil wollte er die Insel den Athenern schenken.[1]) — Ebenso sollte ein Schiedsgericht eingesetzt werden über die Beschwerde wegen der im Jahre 346 von ihm besetzten thrakischen Plätze und über den Streit, in den Athen neuerdings mit der Philipp verbündeten Stadt Kardia geraten war;[2]) diese wollte er sogar nötigenfalls zur Anerkennung des Schiedsspruches zwingen. Dies waren die wichtigsten unter seinen Vorschlägen,[3]) die bei der athenischen Friedenspartei eifrige Unterstützung und auch bei der Masse der Bürgerschaft vielfach Anklang fanden. Demosthenes aber und seine Anhänger, besonders Hegesippos, widersprachen aufs lebhafteste. Sie hatten von ihrem Standpunkte aus allen Grund dazu. Denn einmal mifstrauten sie der Aufrichtigkeit Philipps — und jetzt vielleicht nicht mehr mit Unrecht —, sodann aber lag es durchaus nicht im Interesse Athens, wie sie es auffafsten, sich jetzt Philipp gegenüber durch einen neuen Vertrag die Hände zu binden. Die Stadt hätte dadurch ihren gegenwärtigen Besitzstand gewährleistet erhalten, und in den streitigen Fragen, in denen das Recht unzweifelhaft auf Philipps Seite war, konnte dieser nicht mehr entgegenkommen, als er es that. Aber Athen hätte dann ruhig zusehen müssen, wie der König nicht blofs das innere Thrakien, sondern auch die Küsten eroberte, Pläne

---

1) Philipps Schreiben (Dem. XII.) § 14.
2) S. u. S. 24f.
3) Auch hierüber ist unsere Hauptquelle Hegesippos' Rede über Halonnesos.

von denen man doch wahrscheinlich Kunde hatte; er hätte, wenn auch der Chersones unangetastet blieb, durch die Beherrschung der pontischen Wasserstrafsen und damit der Getreidezufuhr nach Athen ein solches Übergewicht gewonnen, dafs dies gar nicht mehr daran denken konnte ihm die Hegemonie streitig zu machen. So setzte denn die Kriegspartei alle Hebel in Bewegung, um das Volk gegen Philipps Vorschläge einzunehmen. Die erhaltene Rede über Halonnesos zeigt, wie sophistisch sie diese zu verdrehen und wie grundlose, aber wirkungsvolle Einwände sie dagegen vorzubringen wufsten. Sie bestanden auf der von Hegesippos beantragten Änderung des Friedensvertrages und auf der förmlichen Rückgabe von Halonnesos; sie stellten Philipps Versprechen die Freiheit der griechischen Staaten zu garantieren als unwahrhaftig hin, da er (vor diesen Verhandlungen!) Pherä besetzt, die Städte in Kassopien unterjocht, Ambrakia bedroht habe; sie machten in offenem, von ihnen selbst nicht geleugnetem Widerspruch zu einem früheren Volksbeschlufs[1]) Anspruch auf die Hoheit über Kardia; sie wiesen ein Schiedsgericht zurück als unvereinbar mit der Ehre Athens, auch gäbe es keinen unparteiischen Richter,[2]) was offenbar eine leere Ausflucht war. Sogar Philipps Anerbieten die Kardianer zur Befolgung des Schiedsspruches zu zwingen stellt Hegesippos als Verhöhnung Athens dar, als ob dies nicht selbst dazu im stande wäre.[3]) Auch in andern Punkten, wie über den Abschlufs eines Handelsvertrages, verhielten sie sich schroff ablehnend. Demosthenes erklärte sich, wie auch ohne des Aeschines Zeugnis[4]) gewifs wäre, im gleichen Sinne. Sie setzten es durch, dafs alle Anträge Philipps abgewiesen wurden. Dies war schon nichts anderes als eine verhüllte Kriegserklärung, ein friedlicher Ausgleich war nunmehr unmöglich.

II. Die Vorbereitung des neuen Krieges (342—340).

Beide Teile sahen dies ohne Zweifel klar ein, dennoch vergingen noch mehr als zwei Jahre bis zum offenen Ausbruch des Krieges. Dafs Athen diesen nicht sogleich eröffnete, nimmt nicht Wunder; es lag dies nicht nur an der Abneigung der Bürgerschaft,[5]) sondern vor allem daran, dafs Athen erst noch rüsten und Bundesgenossen werben mufste. Um so mehr kann

---

1) Heges. §§ 42f.
2) Aesch. III. 83.
3) § 44.
4) A. a. O.
5) Wie Beloch meint (Att. Pol. S. 214f.).

es auffallen, dafs auch Philipp den Beginn des Krieges noch herausschob und so dem Feinde Zeit liefs seine Macht zu verstärken, während dieser jetzt noch fast isoliert dastand. Und doch begann der König erst den **thrakischen Krieg**, der ihn bis ins Jahr 339 völlig in Anspruch nahm. Ohne weiteres müssen wir annehmen, dafs ein so ausgezeichneter Staatsmann wie Philipp seine triftigen Gründe dazu hatte, und wenn uns auch jedes direkte Zeugnis fehlt, so können wir doch vermuten, welches diese Motive waren. Sicher war der Krieg gegen Athen unvermeidlich, ebenso sicher war die makedonische Landmacht der feindlichen weit überlegen. Diese konnte, da an ein Bündnis mit Theben noch nicht zu denken war, gar nicht im offenen Felde standhalten; Philipp hätte, ohne grofsen Widerstand zu finden, Attika besetzen und die Stadt belagern können. Aber damit war wenig gewonnen. Mit Sturm konnte Athen nicht genommen und die Zufuhr ihm nicht abgeschnitten werden, da seine Flotte noch immer die See beherrschte; ohne Zweifel hätte sich auch die Bürgerschaft, wenn sie zum Äufsersten getrieben wurde, aus ihrer Schlaffheit emporgerafft. Und die Athener konnten, wenn sie auch in Griechenland keine Hilfe fanden, doch dem Könige in seinem Rücken gefährliche Feinde erwecken. In Thrakien war Kersobleptes zwar in dem letzten Feldzuge unter die makedonische Oberhoheit gebeugt, aber noch keineswegs unschädlich gemacht, er würde sicher losgeschlagen haben, sobald eine starke athenische Flotte hier erschien. Auch die übrigen thrakischen Häuptlinge waren anscheinend gegen Philipp argwöhnisch geworden, wenigstens kämpfte der Odrysenfürst Teres, der früher mit jenem gegen die Athener verbündet gewesen war, in dem neuen Kriege gegen Philipp.[1]) Ebenso konnten die Illyrier von neuem aufgehetzt werden, wie wir denn in der That von einer Gesandtschaft des Demosthenes nach Thrakien und Illyrien hören, die wohl ins Jahr 341 zu setzen ist.[2]) Diesen Gefahren dachte Philipp durch die völlige Unterwerfung Thrakiens vorzubeugen, wobei er wohl nicht voraussetzte, dafs dieser Krieg ihn so lange festhalten würde. Weiter hoffte er sich der Stadt Byzanz zu versichern, die noch mit ihm im Bunde war, und so durch die Beherrschung der Kornzufuhr aus dem schwarzen Meere die schärfste Waffe gegen Athen in die Hand zu bekommen.[3])

---

1) Philipps Schreiben (Dem. XII.) §§ 8. 10.
2) Dem. XVIII. 244, s. Schäfer II. 482.
3) Vgl. Dem. VIII. 44 f. XVIII. 87: $\beta o \nu \lambda \acute{o} \mu \varepsilon \nu o \varsigma$ $\tau \tilde{\eta} \varsigma$ $\sigma \iota \tau o \pi o \mu \pi \acute{\iota} \alpha \varsigma$ $\kappa \acute{\nu} \rho \iota o \varsigma$ $\gamma \varepsilon \nu \acute{\varepsilon} \sigma \vartheta \alpha \iota$ $\pi \alpha \rho \varepsilon \lambda \vartheta \grave{\omega} \nu$ $\grave{\varepsilon} \pi \grave{\iota}$ $\Theta \rho \acute{\alpha} \kappa \eta \varsigma$ $B \nu \zeta \alpha \nu \tau \acute{\iota} o \nu \varsigma$ $\sigma \nu \mu \mu \acute{\alpha} \chi o \nu \varsigma$ $\check{o} \nu \tau \alpha \varsigma$ $\alpha \grave{\nu} \tau \tilde{\omega}$

Er erwartete, dafs die Athener, wenn er sich aufs peinlichste jedes direkt feindlichen Vorgehens enthielte, bei ihrer ihm wohl bekannten Unthätigkeit und Unlust zum Kriege ihn gewähren lassen würden, zumal da sie mit Byzanz noch vom Bundesgenossenkriege her verfeindet waren. Dabei unterschätzte er allerdings die Rührigkeit und den Einflufs des Demosthenes, ebenso wie er nicht ahnte, welchen Erfolg dessen Propaganda in Griechenland haben würde.

So begann Philipp im Jahre 342 den Krieg in Thrakien.[1]) Nach harten Kämpfen zerstörte er das Odrysenreich und unterwarf das ganze Land, nur in den Gebirgen hielten sich freie Stämme. Auch einen Zug an den Pontus scheint er unternommen zu haben und mit den dortigen Griechenstädten, wie Apollonia und Odessos, in Verbindung getreten zu sein; Aenos an der Hebrosmündung, die letzte Stadt in Thrakien, die noch zum attischen Seebunde gehörte, nahm makedonische Besatzung auf. Wie der König das eroberte Gebiet durch Kolonien sicherte, und welche Bedeutung diese Kämpfe für die Ausbreitung der hellenischen Kultur hatten, haben wir oben schon erwähnt. Im Sommer 340 hatte er die erste Absicht, in der er den Krieg begonnen, durchgesetzt: ganz Thrakien war dem makedonischen Reiche einverleibt, das jetzt bis zum Balkan und Pontus reichte. Damit hatte er das Ziel seiner Politik im Norden erreicht, denn dafs er noch über jene Grenzen hinauszugreifen beabsichtigte, ist unwahrscheinlich — sein späterer Zug gegen die Skythen galt nur der Befestigung der neuen Erwerbungen. — In Thrakien waren, abgesehen vom Chersones, nur Byzanz und Perinthos noch unabhängig. Diese mufste Philipp nun bezwingen. Die Byzantier waren seit 352 mit ihm verbündet, sie hatten sich aber, weil sie seine drohende Übermacht fürchteten, geweigert ihm gegen die Thraker Hilfe zu gewähren.[2]) Sie stellten sich also ihm feindlich gegenüber und hatten, wie es Diodor[3]) auch von den Perinthiern berichtet, schon mit Athen angeknüpft.[4]) Deshalb

---

τὸ μὲν πρῶτον ἠξίου συμπολεμεῖν τὸν πρὸς ὑμᾶς πόλεμον, ὡς δ' οὐκ ἤθελον ... ἐπολιόρκει (s. dazu Schäfer II. 443f.) — Die vorstehenden Ausführungen sollen erklären, weshalb Philipp gerade damals diesen Krieg begann. Natürlich hätte er ihn auch ohne die Rücksicht auf Athen unternommen, da ihm an der Eroberung des Nordens ebenso viel lag wie an der Hegemonie in Hellas.

1) S. Schäfer II. 445 ff.
2) Dem. XVIII. 87; Schäfer II. 497. 2; Beloch, Gr. Gesch. II. 546.
3) XVI. 74. 2.
4) Über das Bündnis zwischen Athen und Byzanz s. u. S. 27.

ging der König daran mit Waffengewalt dieser Städte sich zu bemächtigen.

Darüber aber kam es endlich zum offenen Bruche mit Athen. Dort hatte inzwischen Demosthenes seine Zeit nicht verloren. Es war ihm klar, dafs Athen keinen Krieg mehr führen konnte, wenn Philipp nicht blofs das thrakische Binnenland, sondern auch die Küstenstädte sich unterworfen hätte.[1]) Er war daher entschlossen es vorher zum Kriege zu treiben. Allerdings war die Gefahr grofs, und Demosthenes verkannte sie gewifs nicht. Denn Athen hatte noch keinen nennenswerten Bundesgenossen und Theben, auf das es vor allem ankam, schien noch arg verfeindet. Aber der Staat hatte, wenn er Philipp nicht wehrlos in die Hände fallen wollte, keine andere Wahl, und diese letzte Gelegenheit, die sich bot, zeigte doch manche günstige Aussichten. Der Feind war zur Zeit noch in Thrakien beschäftigt, man konnte hoffen ihn dort festzuhalten, bis in Griechenland ein Bündnis gegen ihn zu stande käme, wie es überhaupt Demosthenes' Kriegsplan war — ehe Theben sich mit Athen verbündet hatte — Philipp in seinem Lande anzugreifen und zu beunruhigen, nicht aber eine Feldschlacht zu wagen. Denn die Überlegenheit des makedonischen Heeres verkannte er nicht.[2]) Dann konnte man mit Aussicht auf Erfolg die Griechen zum Kriege gegen Makedonien aufrufen, die sich schwerlich dazu bereit finden liefsen, solange nicht Athen selber den Kampf energisch begann.[3]) Auch durfte man Hilfe vom Grofskönig erwarten, dem die Pläne Philipps wohl bekannt, und der durch die thrakischen Eroberungen unmittelbar bedroht war.[4]) So rechnete Demosthenes, und seine Hoffnungen gingen, zum Teil wenigstens, in Erfüllung. Er dachte auch gewifs schon daran Theben zu gewinnen, wenn er auch bei der feindlichen Stimmung, die noch zwischen beiden Staaten herrschte, es nicht offen aussprach. Aber eins seiner gröfsten Verdienste ist es, dafs er voraussah, wie die politische Entwicklung Theben zum Anschlufs an Athen drängen würde, und dafs er schon seit Jahren darauf hinarbeitete das

---

1) Dem. VIII. 14—18; IX. 19; XVIII. 87.
2) Dem. IX. 51 f.: οὐ δεῖ προσέσθαι τὸν πόλεμον εἰς τὴν χώραν ... ἀλλ' ὡς ἐκ πλείστου φυλάττεσθαι τοῖς πράγμασι καὶ ταῖς παρασκευαῖς, ὅπως οἴκοθεν μὴ κινήσηται σκοποῦντας, οὐχὶ συμπλακέντας διαγωνίζεσθαι. πρὸς μὲν γὰρ πόλεμον πολλὰ φύσει πλεονεκτήμαθ' ἡμῖν ὑπάρχει ... εἰς δ' ἀγῶν' ἄμεινον ἡμῶν ἐκεῖνος ἤσκηται.
3) Demosthenes betont das öfter: VIII. 34 ff.; IX. 70 f.; 73 f.
4) Dem. IX. 71.

gegenseitige Mifstrauen zu überwinden. Schon in der Friedensrede (346) hatte er das Volk zu überzeugen gesucht, dafs Theben nicht Philipp zu Gefallen gegen Athen kämpfen würde;[1]) auch in den späteren Reden ergriff er jede Gelegenheit, um die Abneigung gegen die Thebaner zu bekämpfen und ihr Bündnis mit Makedonien zu entschuldigen,[2]) während er es Aeschines zum schweren Vorwurf machte die Feindschaft gegen die Nachbarstadt verschärft zu haben.[3]) Hierin zeigt sich Demosthenes, wie auch Beloch anerkennt,[4]) als weitschauenden Staatsmann. Denn nur im Bunde mit der thebanischen Landmacht war es für Athen möglich sich nicht allein Philipps zu erwehren, sondern auch den Sieg über ihn zu gewinnen.

Ein grofses Hemmnis stand aber der Politik des Demosthenes noch im Wege, die Abneigung der Bürgerschaft gegen einen Krieg. Wohl hatte er allmählich die Mehrheit für sich gewonnen und die Ablehnung der letzten Anträge Philipps durchgesetzt. Aber zur Kriegserklärung war das Volk kaum bereit, solange dieser, wie er es klugerweise that, sich hütete athenisches Gebiet zu verletzen oder sonst einen Anlafs zum Kriege zu geben; es sah auch kaum ein, welche Gefahren Philipps Eroberungen hinten in Thrakien für Athen in sich schlossen, und gönnte den Byzantiern gern alles Böse.[5]) So waren denn Demosthenes die Verwicklungen, zu denen es damals auf dem Chersones kam, sehr erwünscht; sehr wahrscheinlich, obschon nicht nachweisbar, ist es, dafs er selbst sie veranlafst hat. Der Chersones war, seitdem er 357 durch einen Vertrag mit Kersobleptes den Athenern zugesprochen und auch Sestos im Jahre 353 von Chares erobert war, die wichtigste athenische Besitzung, zudem die einzige, die direkt an makedonisches Gebiet grenzte. Bald nach dem philokrateischen Frieden waren neue Kleruchen hierher gesandt unter Diopeithes, einem tüchtigen Offizier und Parteigenossen des Demosthenes. Diese gerieten in Streit mit Kardia, das in jenem Vertrage (357) als frei anerkannt und seit 346 mit Philipp verbündet war. Trotz-

---

1) V. 14f.: ἐγὼ γὰρ, εἰ γένοιϑ' ἡμῖν πρὸς Φίλιππον πάλιν πόλιμος ... οὐ μὴ μετέχουσι Θετταλοὶ μηδ' Ἀργεῖοι μηδὲ Θηβαῖοι, οὐκ ἄν ἡμῖν οἴομαι τούτων οὐδένα πολεμῆσαι καὶ πάντων ἥκιστα (καί μοι ϑορυβήσῃ μηδεὶς πρὶν ἀκοῦσαι) Θηβαίους.
2) So VI. 9; VIII. 63.
3) XIX. 85. Umgekehrt wirft dieser ihm Hinneigung zu Böotien vor (II. 106).
4) Att. Politik S. 229f.
5) Dem. VIII. 16: νὴ Δία, κακοδαιμονοῦσι γὰρ ἄνϑρωποι καὶ ὑπερβάλλουσιν ἀνοίᾳ. XVIII. 94.

dem erhoben jetzt die Athener wieder Ansprüche auf die Stadt. Es kam zu offenem Kampfe, da die Kleruchen beschlossen Gewalt zu brauchen. Diopeithes warb Söldner an und unterhielt sie, da er von Athen kein Geld bekam, durch Freibeuterei auf dem Hellespont. Philipp dagegen schickte, wie es sein gutes Recht war,[1]) den Kardianern Hilfe. Darauf antwortete Doipeithes mit einem Einfall in das makedonische Gebiet (im Frühjahr 341). Dies war ein offener Friedensbruch. Dennoch begegnete ihm Philipp nicht mit Gewalt, da ihm eben daran lag den Ausbruch des Krieges bis nach Beendigung der Kämpfe in Thrakien hinauszuziehen, sondern er schickte nur eine Botschaft nach Athen, um Genugthuung zu verlangen. Er bot noch einmal ein Schiedsgericht über Kardia an, drohte aber auch, wenn die Genugthuung ihm nicht würde, die Übergriffe der Kleruchen mit den Waffen abzuweisen.

In Athen kam es jetzt, wo die Entscheidung über Krieg und Frieden bevorstand, nochmals zu heftigen Debatten. Die makedonische Partei klagte Demosthenes an, dafs er absichtlich Krieg gegen Philipp errege, ohne doch einen offenen Antrag auf Kriegserklärung zu stellen, sie zahlte ihm die Verdächtigungen, die er auf sie zu häufen pflegte, reichlich heim und verlangte, Diopeithes solle abgesetzt und bestraft werden. In der That war Philipp formell durchaus im Rechte. Er hatte den Frieden mit Athen streng innegehalten, trotz aller Bemühungen konnten ihm seine Gegner keine Verletzung desselben nachweisen.[2]) Dagegen war der Einfall des Diopeithes ein ganz ungerechtfertigter Friedensbruch, denn Philipp war als Bundesgenosse berechtigt und verpflichtet Kardia zu schützen gegen die athenischen Kleruchen, die ja nicht einmal im Auftrage des Staates handelten. Auch der Grund, mit dem Demosthenes den Diopeithes zu decken sucht, er habe den Thrakern Hilfe geleistet,[3]) ist nicht stichhaltig, da Athen kein Bündnis mit diesen hatte. Der König hatte also volles Recht die Bestrafung dieses Offiziers zu verlangen. Für Demosthenes aber lag die Sache ganz anders: mochte auch Diopeithes den Frieden ohne Grund gebrochen haben, er selbst war längst entschlossen den Krieg bei passender Gelegenheit zu beginnen, um Philipp

---

1) Philipps Schreiben (Dem. XII.) 11: Καρδιανοῖς δέ φημι βοηθεῖν γεγονώς αὐτοῖς πρὸ τῆς εἰρήνης σύμμαχος.
2) Dennoch spricht auch Schäfer (II. 454) noch von „den mannigfachen Übergriffen, welche Philipp bisher den Verträgen zuwider sich hatte zu schulden kommen lassen".
3) Dem. VIII. 8.

nicht den Bosporus in seine Gewalt bringen zu lassen. Und dieser Zwischenfall bot ihm den besten Anlafs auch das Volk dazu fortzureifsen. Dies hatte jetzt nur noch die Wahl vor Makedonien sich zu demütigen und seinen Feldherrn preiszugeben, oder aber dessen Vorgehen gutzuheifsen, d. h. den Friedensbruch auf sich zu nehmen. Dafs es sich zu diesem entschlofs, bewirkte Demosthenes' gewaltige Rede περὶ τῶν ἐν Χεῤῥονήσῳ, in der er die Eigenmächtigkeit und Gewaltthätigkeit des Diopeithes geschickt verschleiert, dafür aber die furchtbare Gefahr aufdeckt, die in Philipps steten Fortschritten liegt und diese zugleich als Verletzungen des Friedens darzustellen weifs. Er überzeugt die Bürger, dafs der Krieg doch unvermeidlich ist, und weist darauf hin, wie vorteilhaft es in diesem Falle sei, wenn das Heer im Chersones erhalten bleibe; dann könne der Krieg in Thrakien statt an der Grenze Attikas geführt werden, und es sei gleich ein Hilfskorps dort, wenn Byzanz, wie vorauszusehen, um Unterstützung bitte. So beantragt er den Diopeithes als Strategen zu bestätigen, sein Heer zu erhalten und zu verstärken, zugleich Gesandte nach allen Seiten auszuschicken, natürlich um Verbündete gegen Philipp zu werben. Diese Anträge wurde angenommen, sicher wenigstens, soweit sie den Chersones betrafen. Der Krieg war damit so gut wie erklärt.

Demosthenes' Politik war in Athen durchgedrungen. Nun galt es sie gegen Makedonien siegreich durchzuführen. Wir können ihm das Zeugnis nicht versagen, dafs er gethan hat, was in seinen Kräften stand. Athens militärische Leistungen waren, wie selbst Beloch zugesteht,[1] „in den nächsten Jahren derart, dafs sie kaum jemand dem Staate noch zugetraut hätte". Aber auch die politischen Erfolge waren nicht gering. Demosthenes hielt kurze Zeit nach der Rede vom Chersones seine dritte Philippika, in der er seinen Kriegsplan entwickelt: er beweist, dafs thatsächlich Krieg mit Philipp bestehe, er legt dar, dafs dieser hauptsächlich durch die Uneinigkeit und Unthätigkeit der Griechen emporgekommen sei — wobei er allerdings seine Macht und persönliche Bedeutung weit unterschätzt. — Er rät einerseits umfassende Rüstungen an und Mafsregeln, um den Feind in dessen eignem Lande anzugreifen und zu beschäftigen, andrerseits überall um Bundesgenossen sich zu bemühen, im Peloponnes, in Rhodos, Chios, beim Perserkönige.

---

1) Att. Pol. S. 219.

Dieses Mal wurden Demosthenes' Vorschläge ohne Zweifel sämtlich angenommen, wenn auch unsere Nachrichten über die damaligen politischen Vorgänge sehr lückenhaft sind. Wir wenden uns zunächst der umfangreichen diplomatischen Thätigkeit der Athener zu. Demosthenes selber ging noch im Jahre 341 nach Thrakien. Die Verhandlungen mit den thrakischen Königen waren zwar nicht erfolglos,[1]) aber ohne praktischen Wert, da diese noch im selben Jahre entthront wurden. Wichtiger war, dafs es Demosthenes gelang mit Byzanz einen Bund zu schliefsen, wobei er Mifstrauen und Abneigung auf beiden Seiten zu besiegen hatte; auch hier, wie früher Chalkis gegenüber, bewog er die Athener ihre Ansprüche auf Oberhoheit aufzugeben. Byzanz und damit der Bosporus war so Philipps Macht entzogen, ein sehr bedeutender Erfolg des Demosthenes, der allerdings dadurch erleichtert wurde, dass den Byzantiern bei dem drohenden Konflikte mit Philipp ebensoviel an der athenischen Hilfe liegen mufste, wie den Athenern an dem Bündnis mit dieser Stadt. Dafs Perinthos ebenfalls mit Athen sich verbündet habe, ist nicht überliefert,[2]) es stand aber mit Byzanz in engem Bunde. Auch die Strafse des Hellesponts wurde durch ein Bündnis mit Abydos gesichert, während im Chersones die Truppen des Diopeithes verstärkt wurden.[3]) Dagegen blieb die Anknüpfung mit Persien im wesentlichen erfolglos. Der König Artaxerxes Ochos verweigerte in stolzem Tone alle Subsidien an den athenischen Staat, nur sollen den hervorragendsten Rednern Geldgeschenke übermittelt sein, auch dem Diopeithes eine Summe, die aber erst nach seinem Tode eintraf. Immerhin wurde die Aufmerksamkeit der Perser auf die Kämpfe in Thrakien gelenkt. Artaxerxes sandte Truppen dorthin,[4]) von deren Thätigkeit wir allerdings nichts wissen, und Perinthos wurde von den kleinasiatischen Statthaltern entsetzt. Die von diesen entsendeten Söldner wurden von einem Athener Apollodoros befehligt, vielleicht sind also wenigstens diese Satrapen mit Athen in Verbindung getreten.[5]) Wenig Gewinn brachten auch die Gesandtschaften nach Chios und Rhodos Diese Städte sandten zwar

---

1) Dem. XVIII. 244.
2) Die oben schon angezogene Stelle des Diodor deutet zwar darauf hin (XVI. 74. 2: Φίλιππος ... ἐπὶ τὴν Πέρινθον ἐστράτευσεν, ἐναντιουμένην μὲν αὐτῷ, πρὸς δὲ Ἀθηναίους ἀποκλίνουσαν).
3) Auch Chares hielt sich im Jahre 341/0 auf dem Chersones auf. C. I. A. II. 116.
4) Arrian. II. 14. 5.
5) Vgl. Schäfer II. 502. 2.

Byzanz Kriegsschiffe zu Hilfe bei der Belagerung durch Philipp,[1]) schlossen aber mit Athen keinen Bund und beteiligten sich später am Kampfe in Griechenland nicht.

Im eigentlichen Hellas aber gelang es Demosthenes jetzt, was stets sein Streben gewesen war, einen **hellenischen Bund** gegen Makedonien ins Leben zu rufen, der zwar nur den kleineren Teil der griechischen Staaten umfaſste, aber als Grundstock einer gröſseren Verbindung sehr wertvoll war, und dem sich später noch Theben, Lokris und Phokis anschlossen. Demosthenes selbst im Verein mit seinem Gesinnungsgenossen Kallias von Chalkis bereiste den Peloponnes, wo die Korinther und Achäer, die ja beide schon im Jahre 343/2 in ihren Kolonien oder Besitzungen Ambrakia, Leukas und Naupaktos von Philipp bedroht waren, ein Bündnis mit Athen schlossen. Damals ist Demosthenes wohl auch nach Ambrakia und Illyrien gegangen, wovon er in der Kranzrede spricht.[2]) Ambrakia wird zwar nicht unter den Bundesgliedern mit Namen aufgeführt, ist aber gewiſs wie seine Mutterstadt Korinth und wie Leukas beigetreten, weshalb es auch später von König Philipp mit einer Besatzung belegt wurde. Auch Kerkyra, das Demosthenes auf derselben Reise berührt haben wird, schloſs sich an.[3]) — Was er in Illyrien erreicht hat, wissen wir nicht, vielleicht ist damit der Krieg in Verbindung zu bringen, den 337 erst Alexander, dann Philipp selbst mit dem illyrischen Fürsten Pleurias zu führen hatte.[4]) — An dem jetzt begründeten Bunde nahmen also teil: **Athen** als Vorort mit dem Reste seines Seebundes, zu dem auſser dem gröſsten Teil der Kykladen noch Peparethos, Skiathos, Ikos, Thasos, Samothrake, Tenedos, Prokonnesos und einige Städte des Chersones gehörten, und mit seinen eignen Besitzungen Samos, Lemnos, Imbros, Skyros und dem übrigen Teil des Chersones; sodann der **euböische Bund** als Ganzes, der jetzt die gesamte Insel umfaſste,[5]) **Megara**, das schon vorher mit Athen verbündet war, **Korinth**, **Achaja**, **Akarnanien**, **Leukas**, **Ambrakia**, **Kerkyra**.[6]) Auſserdem

---

1) Diod. XVI. 77. 2.
2) XVIII. 244. Von seiner ebenda erwähnten Gesandtschaft nach Thessalien wissen wir nichts Näheres.
3) Auch mit Apollonia und Epidamnos an der illyrischen Küste wurden freundschaftliche Beziehungen angeknüpft. C. I. A. IV. 2. 115. b.
4) S. Schäfer III. 63f.
5) S. u. S. 32 f.
6) Dem. XVIII. 237: ἐγὼ συμμάχους μὲν ὑμῖν ἐποίησα Εὐβοέας, Ἀχαιοὺς, Κορινθίους, Θηβαίους, Μεγαρέας, Λευκαδίους, Κερκυραίους. Vgl. Aesch. III. 94 ff.

hatte Athen noch das Separatbündnis mit Byzanz und Abydos.
— Älian[1]) nennt unter den Teilnehmern am Kriege gegen Philipp noch die Städte an der argolischen Ἀκτή, d. h. Troizen, Epidauros und Hermione. Aber diese Angabe hat wenig Gewähr, da Älian gleichzeitig auch Elis nennt, das sicher nicht beteiligt war.[2]) Dasselbe gilt von den Messeniern.[3]) — Aeschines[4]) stellt den ganzen Bund als blofse Erdichtung des Demosthenes und Kallias dar; aber wenn überhaupt an seinen Behauptungen etwas Wahres ist, so kann dies nur auf die Höhe der Beisteuern und Kontingente gehen. Dafs der Bund wirklich abgeschlossen ist, geht unzweifelhaft daraus hervor, dafs von mehreren Staaten die Teilnahme an der Schlacht bei Chäronea ausdrücklich überliefert ist.[5])

So war ein immerhin bedeutender Teil Griechenlands in dem Bunde vereinigt, der im Frühjahr 340 in Athen förmlich begründet wurde. Er war zunächst nur für den Krieg mit Philipp berechnet. Die einzelnen Staaten blieben autonom, Athen wurde Vorort. Für die Dauer des Krieges zahlten natürlich die Mitglieder Beiträge zur Unterhaltung des gemeinsamen Heeres. Es sollten von Bundeswegen nach Äschines' Angabe 100 Schnellsegler, 10000 Söldner zu Fufs und 1000 Reiter aufgestellt werden, während Demosthenes — nach dem Beitritte Thebens — 15000 Söldner und 2000 Reiter rechnet. Dazu kamen noch die Bürgeraufgebote. Ohne Frage gewann Athen so einen beträchtlichen Machtzuwachs gegenüber Philipp. Doch schlofs sich der gröfste Teil der peloponnesischen Staaten aus: Sparta, das damals an den griechischen Angelegenheiten gar keinen Anteil nahm (sein König Archidamos focht in Unteritalien), Elis, Messenien, Arkadien und Argos, die an dem Bündnis mit Makedonien festhielten, aber wenigstens im Kriege neutral blieben.[6]) In Mittelgriechenland war Ätolien mit Philipp verbündet, während Theben (und mit ihm Lokris) zwar von der Freundschaft mit diesem zurückgekommen, aber Athen noch keineswegs geneigt war.

---

1) V. H. VI. 1.
2) Paus. V. 4. 9.
3) S. folg. Seite.
4) A. a. O.
5) Von den Korinthern: Strabo IX. 37. p. 414, von den Achäern: Paus. VII. 6. 5, von den Akarnanen: C. I. A. II. 121.
6) Paus. V. 4. 9; IV. 28. 2; VIII. 6. 2; Dem. XVIII. 64: τῆς περιμαχίας (μερίδος) ταῦτα γιγνόμενα ἐπὶ τῆς ἰδίας πλεονεξίας ἐλπίδι, ἧς ἂν Ἀρκάδας καὶ Μεσσηνίους καὶ Ἀργείους θείημεν.

Streitig ist noch die Zeit dieses hellenischen Bundes. Wie schon erwähnt, setzt Beloch[1]) seinen Abschlufs ins Jahr 342. Er beruft sich zunächst auf die Scholien zu Aeschines,[2]) wonach unter dem Archontat des Pythodotos (Olymp. 109. 2, 343/2 v. Chr.) die Achäer, Arkader, Argiver, Messenier sich mit Athen verbündet hätten. Dafs die Nachricht in dieser Form nicht richtig ist, giebt auch Beloch zu; er meint aber, es sei ein Abkommen mit diesen Staaten getroffen, nach dem sie sich neutral verhielten. Das ist sehr wahrscheinlich, und ein Bündnis mit Messene aus diesem Jahre ist auch inschriftlich bezeugt;[3]) aber mit dem hellenischen Bund gegen Philipp hat dies nichts zu thun. Von den Staaten, die thatsächlich an diesem teilgenommen haben, werden nur die Achäer genannt, sonst nur solche, die nachweislich nicht mit im Bunde waren,[4]) während weder Euböa, noch Megara, noch Akarnanien, noch Korinth erwähnt werden; wenigstens dies letzte aber müfste genannt sein, auch wenn hier nur die peloponnesischen Staaten beachtet wären. Aus dieser Nachricht läfst sich also für die Zeit des hellenischen Bundes meines Erachtens nichts schliefsen. — Beloch bringt denn auch noch andere Gründe vor: Akarnanien müsse damals mit Athen verbündet gewesen sein, da dies Truppen dorthin gesandt habe. Da weiter Demosthenes sich rühme Philipp vom Angriff auf Ambrakia abgehalten zu haben,[5]) so müsse dies Corps hauptsächlich zum Schutze Ambrakias bestimmt gewesen sein. Ambrakia sei aber Kolonie von Korinth und gerade damals von diesem abhängig gewesen; folglich müsse auch mit Korinth schon ein Bündnis geschlossen sein. Aus alledem ergebe sich, dafs im Jahre 341 keine neue Gesandtschaft in den Peloponnes und an das ionische Meer gegangen und dafs der hellenische Bund schon 342 gegründet sei. Diese Schlufsfolgerung erscheint mir keineswegs zwingend: mit den Akarnanen waren die Athener von jeher befreundet

---

1) Att. Pol. Anhang II. 10. S. 367 ff., vgl. Gr. Gesch. II. 544. 3.
2) Zu III. 83: Ἀθηναῖοι ἐπὶ Πυθοδότου ἄρχοντος ... ἐπεμψαν πολλαχοῦ τῆς Ἑλλάδος πρεσβείας περὶ συμμαχίας ... ἐγένοντο μὲν οὖν αὐτοῖς τότε σύμμαχοι Ἀχαιοὶ, Ἀρκάδες οἱ μετὰ Μαντινέων, Ἀργεῖοι, Μεγαλοπολῖται, Μεσσήνιοι.
3) C. J. A. IV. 2. 114b. Ein von Demosthenes gestiftetes Bündnis mit Messene wird auch in dem Ehrendekret in dem pseudoplutarchischen Leben der 10 Redner (p. 851ª) erwähnt.
4) S. oben S. 29. 6. Also kann auch die συμμαχία mit den Messeniern nur ein Neutralitätsbündnis gewesen sein.
5) Dem. IX. 72: καὶ ἐποιήσαμεν ἐπισχεῖν ἐκεῖνον καὶ μήτ' ἐπ' Ἀμβρακίαν ἐλθεῖν μήτ' εἰς Πελοπόννησον ὁρμῆσαι.

und können dorthin auch ohne ein förmliches Bündnis Truppen
gesandt haben, um Philipps Vordringen zu wehren.¹) Aber
selbst wenn Akarnanien damals mit Athen sich verbündet hat,
so kann es gleichwohl später noch dem neu gegründeten allgemeinen Bunde beigetreten sein und deshalb von Aeschines²)
unter den von Demosthenes dafür gewonnenen Staaten genannt
werden, ebenso wie Megara³) und Chalkis schon vorher mit
Athen verbündet waren. Was ferner Ambrakia angeht, so ist
nirgends überliefert, dafs die athenischen Truppen gerade zu
seinem Schutze bestimmt waren. Demosthenes erwähnt die
Truppensendung gar nicht,⁴) und wenn er seinen Bemühungen
die Rettung von Ambrakia zuschreibt, so geht das darauf, dafs
Philipp offenbar durch die Thätigkeit, welche die Athener in
jenen Gegenden entwickelten, zur Umkehr bewogen wurde.
Der Schlufs auf ein Bündnis mit Ambrakia und Korinth erscheint mir also unhaltbar. — Zu demselben Ergebnis führen
auch die Angaben in der 341 gehaltenen dritten Philippika.
Beloch versucht diese zwar zu entkräften, da Demosthenes in
dieser Rede „die Lage so schwarz als möglich zu malen" suche;
der Ausruf: οὕτω δὲ κακῶς διακείμεθα καὶ διορωρύγμεθα κατὰ
πόλεις, ὥστ' ἄχρι τῆς τήμερον ἡμέρας . . . δυνάμεθα οὐδὲ
συστῆναι οὐδὲ κοινωνίαν βοηθείας καὶ φιλίας οὐδεμίαν ποιή-
σασθαι⁵) sei im grofsen und ganzen wahr, da auf die Kleinstaaten ohne Theben wenig angekommen sei. Dennoch, glaube
ich, wären die Worte des Redners allzu übertrieben⁶) und
hätten deshalb ihre Wirkung verfehlt, wenn schon mit einer
immerhin beträchtlichen Zahl von Staaten ein Bund bestand.
Beloch selber schlägt an einer andern Stelle dessen Wert
viel höher an.⁷) In derselben Rede erscheinen weiter nur
Chalkis und Megara als Philipp feindlich und mit Athen ver-

---

1) So haben Chios und Rhodos Byzanz unterstützt, ohne dafs, soviel
wir wissen, ein Bündnis bestand (es müfste denn noch seit dem Bundes-
genossenkrieg her ein solches fortgedauert haben), und so haben die persischen Satrapen Perinthos entsetzt, das mit ihnen sicher nicht verbündet war.
2) Aesch. III. 97 f.
3) Dies wird von Äschines (§ 95) ebenfalls erwähnt.
4) Wir wissen davon nur aus der Rede gegen Olympiodoros (Dem.
XLVIII.) § 24.
5) IX. 28.
6) Besonders der Ausdruck κοινωνίαν βοηθείας καὶ φιλίας οὐδεμίαν erregt Anstofs.
7) Att. Polit. S. 216: „War denn etwa das Bündnis Athens mit
Megara, mit Euböa, mit Korinth keine Gefahr für Makedonien?"

bündet.[1]) Vollends widersprechen Belochs Ansicht die Worte: οὐ μόνον δ' ἐφ' οἷς ἡ Ἑλλὰς ὑβρίζεται ὑπ' αὐτοῦ, οὐδεὶς ἀμύνεται, ἀλλ' οὐδ' ὑπὲρ ὧν αὐτὸς ἕκαστος ἀδικεῖται· τοῦτο γὰρ ἤδη τοὔσχατόν ἐστιν· οὐ Κορινθίων ἐπ' Ἀμβρακίαν ἐλήλυθε καὶ Λευκάδα; οὐκ Ἀχαιῶν Ναύπακτον ὀμώμοκεν Αἰτωλοῖς παραδώσειν;...ταῦτα τοίνυν πάσχοντες ἅπαντες μέλλομεν καὶ μαλκίομεν καὶ πρὸς τοὺς πλησίον βλέπομεν, ἀπιστοῦντες ἀλλήλοις, οὐ τῷ πάντας ἡμᾶς ἀδικοῦντι.[2]) So konnte Demosthenes doch unmöglich sprechen, wenn die Korinther und Achäer eben zur Abwehr der genannten Übergriffe mit Athen ein Bündnis geschlossen hatten. Auch seine wiederholten Ausführungen, dafs Athen nicht darauf rechnen dürfe Bundesgenossen zu finden, ehe es nicht selbst energisch vorginge,[3]) beweisen, dafs damals der Bund noch nicht bestand. — Gänzlich mifslungen scheint mir, was Beloch aus der Erzählung des Aeschines[4]) folgert: Demosthenes habe im Anschlufs an die Verhandlungen über die Bundesgründung einen Volksbeschlufs erwirkt Eretria und Oreos zum Eintritt in den euböischen Bund aufzufordern. Nachdem Oreos im Jahre 341 von der Tyrannis des Philistides befreit sei, habe ganz Euböa unter athenischem Einfluss gestanden, mithin sei jene Aufforderung überflüssig gewesen. Ich meine, man kann eher das Gegenteil behaupten: die Aufforderung war zwecklos, solange in Eretria und Oreos der makedonische Einflufs herrschte, und konnte erst Erfolg versprechen, als dieser gebrochen war. Vor allem aber übersieht Beloch ganz, dafs bei Aeschines, dem zufolge Demosthenes von Kallias, Kleitarchos von Eretria und den Oreïten bestochen ist, Oreos schon eine Demokratie genannt wird.[5]) Dies beweist also gerade, dafs diese Verhandlungen nicht vor dem Jahre 341 stattgefunden haben. — End-

---

1) IX. 74: εἰ δ' οἴεσθε Χαλκιδέας τὴν Ἑλλάδα σώσειν ἢ Μεγαρέας κτλ. cf. VIII. 18: τί δ' ἂν ἀπελθὼν ἐκ Θρᾴκης... ἐπὶ Χαλκίδα ἢ Μέγαρα ἥκῃ.
2) IX. 34f.
3) Vgl. oben S. 23, zu 3.
4) III. 100 ff.
5) § 103: τάλαντον δ' ἐξ Ὠρεοῦ, δι' οὗ καὶ καταφανὴς ἐγένετο δημοκρατουμένων τῶν Ὠρειτῶν καὶ πάντα πραττόντων μετὰ ψηφίσματος. Man könnte einwenden, diese Bemerkung bezöge sich nur auf die spätere Zeit, in der über die Bezahlung des Talents verhandelt wurde. Aber dann hätte Aeschines schwerlich es sich entgehen lassen wie vorher τάλαντον δ' ἐξ Ἐρετρίας παρὰ Κλειτάρχου τοῦ τυράννου auch hier zu sagen τάλαντον δ' ἐξ Ὠρεοῦ παρὰ Φιλιστίδου τοῦ τυράννου; ganz abgesehen davon, dafs er niemand einreden konnte, der Demos von Oreos hätte eine Schuld des gestürzten Tyrannen bezahlt. — Vgl. übrigens zu dieser Angelegenheit Schäfer II. 491f.

lich zeigt eine Betrachtung der Politik Philipps, dafs Belochs Ansicht nicht richtig sein kann. Wenn im Jahre 342 schon ein offenbar gegen diesen gerichteter Bund von solchem Umfange entstanden wäre, ein Bund, der doch alle seine Erfolge in Griechenland in Frage stellte, würde er dann nicht dagegen eingeschritten sein, ehe er sich in den thrakischen Krieg verwickelte? Wir hören nicht einmal, dafs er durch Gesandte ihm entgegenzuarbeiten versucht hat;[1]) dies wäre damals, wo er die Hände noch frei hatte, ganz unbegreiflich, während es 341/0, als dieser Krieg ihn ganz beschäftigte, sich eher verstehen läfst. Der Bund war auch ausdrücklich gegen Philipp geschlossen.[2]) Vor dem offenen Bruche aber, den die Ereignisse auf dem Chersones im Jahre 341 herbeiführten, konnte Athen noch kein förmliches Kriegsbündnis gegen ihn abschliefsen.[3])

So gewann Athen in den Jahren 341 und 340 eine Reihe von Bundesgenossen gegen Makedonien. Es begann aber auch schon die militärischen Operationen, zunächst gegen Philipps griechische Anhänger und Verbündete, ohne dabei auf den formell noch bestehenden Frieden viel Rücksicht zu nehmen, ganz im Gegensatz zu dem Verhalten des Königs. Zunächst ging man gegen die gefährlichste Position des Feindes, gegen Euböa, vor. Hier behaupteten sich in Eretria und Oreos noch die von Philipp eingesetzten Machthaber Kleitarchos und Philistides. Jener, der in der Rede vom Chersones[4]) noch als Feind Athens erscheint, fügte sich ohne Kampf und trat dem euböischen und dem hellenischen Bunde bei.[5]) In Oreos stürzte

---

1) Demosthenes (XVIII. 244) erwähnt Gesandte Philipps, mit denen er zu kämpfen hatte, nur in Thessalien, Ambrakia, Illyrien, Thrakien, Byzanz; in Ambrakia wird das bei der früheren Gesandtschaft (343/2) geschehen sein.

2) Aesch. III. 95: ὡς ἥκοι ἐκ Πελοποννήσου νεωστὶ σύνταγμα συντάξας .. ἐπὶ Φίλιππον. 97: πάντας μὲν Πελοποννησίους ὑπάρχειν, πάντας δ' Ἀκαρνᾶνας συντεταγμένους ἐπὶ Φίλιππον.

3) In dem 1897 erschienenen zweiten Bande seiner „Griechischen Geschichte" hält Beloch daran fest, dafs schon 342 ein Bündnis mit Korinth, Kerkyra, Akarnanien, Achaja und Verträge mit Mantinea, Messene u. s. w. abgeschlossen seien (S. 544); aber eine festere Bundesorganisation sei erst nach dem Bündnis mit Theben zwischen Athen, Euböa, Megara, Korinth, Achaja und Kerkyra zu stande gekommen (S. 561). Ich mufs aus den oben dargelegten Gründen dabei bleiben, dafs im Jahre 342 überhaupt noch kein förmliches Bündnis mit den späteren Mitgliedern des hellenischen Bundes geschlossen ist, während mit Messene u. s. w. nur ein Abkommen über Neutralität getroffen sein kann.

4) Dem. VIII. 36.
5) Vgl. Aesch. a. a. O. (III. 103).

341 Kallias mit athenischer und megarischer Hilfe den Philistides, die Stadt wurde Demokratie und schlofs sich ebenfalls dem Bunde an. Ins Jahr 340 gehören dann eine ganze Reihe von Feindseligkeiten. Dem Kallias wurden athenische Kriegsschiffe überlassen, mit denen er die Städte am pagasäischen Meerbusen wegnahm und makedonische Schiffe kaperte, wieder ein offener Friedensbruch, für den Kallias in Athen von Staats wegen belobt wurde. Die Insel Halonnesos, um die so lange gestritten war, wurde von den Peparethiern überfallen, die makedonische Besatzung gefangen genommen und trotz wiederholter Aufforderung nicht freigegeben; als Philipp deshalb Peparethos durch ein Geschwader verwüsten liefs, beauftragten die Athener ihren Strategen Repressalien zu üben. Man sieht, dafs sie wie in offenem Kriege mit Philipp handelten. Dies zeigen auch zwei Vorfälle aus dieser Zeit. Ein Kurier des Königs, Nikias, wurde in makedonischem Gebiet aufgehoben und in Athen zehn Monate gefangen gehalten, seine Briefe in offener Volksversammlung verlesen; und ein angeblicher Spion Philipps, Anaxinos von Oreos, wurde durch Demosthenes verhaftet und hingerichtet. Im Frühjahr 340 ging auch ein neuer Zug nach Euböa. Als die makedonische Flotte zur Belagerung von Perinthos gerüstet wurde, besorgte man in Athen einen Angriff auf diese Insel und beschlofs, um dort reine Bahn zu machen, den Tyrannen Kleitarchos aus Eretria zu vertreiben. Phokion eroberte die Stadt und stellte die Demokratie her, wie in Oreos.[1]) So war Euböa ganz für Athen gesichert, ohne Zweifel ein Verdienst des Demosthenes, der die beiden Züge dorthin beantragt hatte, und der damals zuerst mit einem goldenen Kranze geehrt wurde. Demosthenes sorgte auch für die zunächst bedrohten Punkte: nach Prokonnesos wurden Truppen, nach dem Chersones Verstärkungen gesandt.[2]) Die Byzantier, die also auch schon gegen Philipp aggressiv vorgingen, rüsteten Kaperschiffe aus, welche die Athener in Thasos einlaufen liefsen. Diopeithes erklärte öffentlich, dafs er auf Befehl der Regierung nur eine Gelegenheit erwarte den Krieg zu eröffnen; er stachelte die Byzantier zu Feindseligkeiten auf, nahm sogar einen makedonischen Gesandten gefangen und erprefste von ihm ein Lösegeld.

Man kann die Frage aufwerfen, weshalb die Athener, während sie doch offenbar zum Kriege entschlossen waren,

---

1) Schol. Aesch. III. 103. Der Bündnisvertrag zwischen Athen und Eretria ist erhalten: C. I. A. IV. 2. 116. b.
2) Vgl. oben S. 27. 3.

nicht den thrakischen Königen Hilfe gesandt haben, um nach Demosthenes' Kriegsplan den Gegner im Norden festzuhalten. Aber dazu war es zu spät. Zwar waren jene zur Zeit des Bruches mit Philipp noch nicht völlig bezwungen, und Demosthenes trat noch mit ihnen in Verbindung. Sie wurden jedoch im Jahre 341 ganz beseitigt, eine athenische Hilfesendung wäre also zu spät gekommen. Denn zur Mobilmachung einer gröfseren Flottenmacht gehörte längere Zeit, und mit einigen Schiffen und Söldnern war nichts auszurichten.

Andererseits erscheint Philipps Verhalten auffallend, dafs er — soviel wir wissen — so gar nichts that, um dem Umsichgreifen der Athener Einhalt zu thun. Es läfst sich dies nur so erklären, dafs der Krieg in Thrakien alle seine Kräfte in Anspruch nahm; dafs er diesen nicht abbrechen wollte, um sich nach Griechenland zu wenden, war selbstverständlich bei der Wichtigkeit, die Thrakien für ihn hatte. Aufserdem würde die Unterwerfung der Seestädte an der Propontis alle Erfolge seiner Feinde zu nichte gemacht haben, da er dann durch Abschneidung der Kornzufuhr Athen ohne Kampf lahm legen konnte. Deshalb bekümmerte sich der König anscheinend um die Vorgänge in Hellas gar nicht, liefs auch die Übergriffe der Athener ungeahndet und unterwarf indessen Thrakien völlig. Nur Byzanz (mit den abhängigen Städten Chalkedon und Selymbria) und Perinthos waren noch unbezwungen. Die Hoffnung sie auf friedlichem Wege zu gewinnen hatte er aufgeben müssen, auch mufste ein Angriff auf Byzanz den Krieg mit Athen zum Ausbruch bringen, seit beide Staaten verbündet waren. Doch hoffte er wohl noch diese Städte vor dem Eintreffen der athenischen Hilfe zu erobern, hatte er doch von der Saumseligkeit der Athener Beispiele genug erlebt.

So begann Philipp zu Anfang des Sommers 340 mit aller Macht die Belagerung von Perinthos, wohl weil dies leichter zu nehmen schien als Byzanz, vielleicht auch weil es nicht direkt mit Athen verbündet war und deshalb nicht sicher auf dessen Beistand zählen durfte. Ein Anlafs zum Kriege war leicht gefunden. Perinthos und Byzanz hatten ihm die Hilfe gegen die Thraker verweigert; aufserdem wurden den Perinthiern Übergriffe gegen Philipp schuld gegeben,[1] während als Grund des Angriffs auf Byzanz nachher die Unterstützung galt, die es jenen geleistet hatte.[2] Aber die Belagerung blieb erfolglos, die

---

1) Arrian. II. 14. 5: τοῖς Περινθίοις, οἳ τὸν ἐμὸν πατέρα ἠδίκουν.
2) Diod. XVI. 76. 3: ἐκ τοῦ Βυζαντίου πάντων τῶν πρὸς τὸν πόλεμον χρησίμων ἑτοίμως χορηγουμένων.

Tapferkeit der Bürger und der Beistand, den sie aus Byzanz und von den kleinasiatischen Satrapen erhielten,[1]) vereitelten alle Stürme der Makedonen. Philipp mufste die Belagerung aufheben, wandte sich aber nun gegen Byzanz.

III. Der zweite Krieg zwischen Philipp und Athen (340—338).

Inzwischen war aber endlich die athenische Kriegserklärung erfolgt. Philipp hatte bisher, wie wir sahen, mit peinlichster Sorgfalt jede Verletzung des Friedens vermieden. Bei dem Angriffe auf Perinthos gab er diese Zurückhaltung auf. Er mufste seine Flotte durch den Hellespont führen, um die Stadt auf der Seeseite zu blockieren, und da zu erwarten stand, dafs Diopeithes auf dem Chersones dies zu hindern suchen würde, so rückte Philipp in das athenische Gebiet ein, sodafs seine Schiffe sicher hindurchfahren konnten; er liefs jetzt auch die Kauffahrer der Athener und ihrer Verbündeten wegnehmen, hielt sich aber nicht mit einer Bestürmung der festen Plätze auf der Halbinsel auf. Er that also jetzt dasselbe, was Diopeithes schon vor einem Jahre gegen ihn unternommen hatte, auch er brach seinerseits den Frieden. Noch einmal scheint er dabei seine Bereitwilligkeit zu einem Schiedsgericht über die schwebenden Streitigkeiten kundgegeben zu haben,[2]) was jetzt allerdings nur bezweckte die Feinde von raschem Handeln abzuhalten. Nun stellten beide Parteien ihr Ultimatum. Aus dem der Athener ist uns — aufser den alten Forderungen betreffs Kardia, Halonnesos, Amphipolis[3]) — das Verlangen überliefert Teres und Kersobleptes in ihr Reich wieder einzusetzen,[4]) ein Beweis, dafs auch die Athener die Wichtigkeit jener makedonischen Eroberung erkannten. Philipps Ultimatum ist wahrscheinlich erhalten in der Ἐπιστολὴ Φιλίππου, die als zwölfte unter den demosthenischen Reden steht.[5]) Der König zählt darin alle seine Beschwerden auf und schliefst mit der Drohung die athenischen Übergriffe

---

1) Vielleicht war doch auch athenische Hilfe, etwa vom Chersones aus, zur Stelle, wenigstens erwähnt Demosthenes (XVIII. 89) ein Ehrendekret der Perinthier für Athen.
2) Philipps Schreiben § 16: καὶ διατετέλεκα προκαλούμενος ὑμᾶς εἰς κρίσιν ἐλθεῖν ὑπὲρ ὧν αἰτιώμεθα ἀλλήλους.
3) A. a. O. §§ 11. 12 ff. 20 ff.
4) A. a. O. § 8.
5) Zum mindesten ist das Schreiben nach guten Materialien gearbeitet. Vgl. Blass Att. Bereds. III.² 1. 394 ff. Schäfer II.² 504 f. III. Beil. 103 ff. Beloch Gr. Gesch. II. 552. 1.

mit Gewalt abwehren zu wollen. Die Athener antworteten nach Demosthenes' Antrag mit der Zerstörung der Friedenssäule und beschlossen die Flotte zu bemannen und sich in Kriegsbereitschaft zu setzen. — Es ist müfsig hier noch die Rechtsfrage zu erörtern. Unzweifelhaft haben die Athener den Frieden zuerst gebrochen durch den Einfall des Diopeithes in Thrakien, den Angriff des Kallias auf Thessalien, den Überfall von Halonnesos, da alles dies vom Volke gebilligt wurde; Philipp dagegen hat erst ganz zuletzt ebenfalls sich nicht mehr an die Verträge gehalten. Es war also eine kühne Verdrehung der Thatsachen, wenn jene ihm den Friedensbruch schuld gaben.[1]) Diese einzelnen Punkte sind aber von geringer Bedeutung, da bei der Politik des Demosthenes ein Bruch eben unvermeidlich war. Nur lag es in Philipps Interesse diesen, wenn möglich, bis nach der Eroberung der Seestädte hinauszuschieben, während es für Athen die höchste Zeit war den Kampf zu beginnen.

Und jetzt handelte es energischer, als der König wohl geglaubt hatte. Es wurde sogleich Chares, der in den thrakischen Gewässern stand,[2]) mit 40 Schiffen und Söldnern nach Byzanz geschickt, dann Phokion mit einer zweiten Flotte; von Chios, Kos, Rhodos kam ebenfalls Hilfe. Philipp mufste auch von Byzanz abstehen, er unternahm noch einen Angriff auf den Chersones, doch nur zu dem Zwecke seiner Flotte den Rückweg ins ägäische Meer zu eröffnen. Vor Byzanz also hatten sich zuerst Athener und Makedonen im Kampfe gemessen, und der Ausgang war für Athen günstig. Es war der erste Sieg, den Athen über Philipp gewann, ein glänzender Erfolg der Politik des Demosthenes. Dieser hatte seit langem den Angriff auf Byzanz vorhergesehen,[3]) er hatte das Bündnis mit dieser Stadt erwirkt, und er hatte zur rechten Zeit die Kriegserklärung und die Hilfesendungen durchgesetzt. Es zeigt, wie weit die Voreingenommenheit auch gegen Demosthenes geht, wenn Spengel[4]) auf Plutarchs Zeugnis hin ihm diesen Ruhm absprechen will. Plutarch erzählt nämlich,[5]) auf Betrieb der „Redner" sei zuerst Chares abgeschickt, habe aber nichts ausgerichtet und sei nicht einmal von den Bundesgenossen aufgenommen. Darüber

---

1) Diod. XVI. 77. 2: Ἀθηναῖοι μὲν ἔκριναν τὸν Φίλιππον λελυκέναι τὴν πρὸς αὐτοὺς συντεθεῖσαν εἰρήνην.
2) Vgl. oben S. 17. 3; 27. 3.
3) Dem. VIII. 14. 66.
4) Demosth. Verteidigung des Ktesiphon, Abh. d. bayr. Akad. d. W., X. 1866. S. 27 ff.
5) Phocion c. 14.

sei das Volk, von den Rednern aufgehetzt, in Zorn geraten und
habe die Byzantier nicht weiter unterstützen wollen, bis Phokion
ihm das Thörichte seines Benehmens klar gemacht habe. Dann
sei dieser selbst ausgesandt und habe Byzanz errettet. Unter
den „Rednern", die das Volk aufhetzten, meint Spengel, kann
nur Demosthenes zu verstehen sein, der damals den beherr-
schenden Einfluſs hatte: also hat Demosthenes Byzanz preis-
geben wollen, und nur Phokion ist sein Entsatz zu danken.
Nun nennt Plutarch den Demosthenes gar nicht, und sein Bericht ist entschieden für Phokion parteiisch und thatsächlich
unrichtig.[1]) Aber abgesehen davon, und wenn man Demosthenes'
staatsmännische Begabung noch so gering anschlägt — wie kann
man ihn für so kindisch unüberlegt halten, daſs er um solch
kleines Anstoſses willen seine ganze Politik selbst hätte vereiteln sollen?

Die Erfolge der Athener seit dem Beginn der Feindseligkeiten waren nicht gering. Ihr Machtbereich dehnte sich
wieder vom Pontus bis zum ionischen Meere aus, Philipps Anhang in Griechenland war sehr zusammengeschmolzen, Byzanz,
Perinthos und der Chersones gegen ihn behauptet. Seine Flotte
konnte der athenischen nicht die Spitze bieten, vielmehr standen die Küsten seines Reiches den feindlichen Einfällen offen.
So hatte sich des Demosthenes Politik bisher bewährt. Unter
der athenischen Bürgerschaft herrschte denn auch eine hoffnungs-
freudige Stimmung und machte sie zu groſsen Anstrengungen
geneigt. Wichtige Reformen im See- und Finanzwesen wurden
getroffen,[2]) vor allem die $\vartheta εωρικά$ für die Dauer des Krieges
der Kriegskasse überwiesen. Dadurch wurden die verfügbaren
Mittel sehr vermehrt. Allerdings war dies nötig, denn die bisher errungenen Vorteile waren durchaus nicht entscheidend.
Demosthenes hoffte seinem in der dritten Philippika entwickelten
Kriegsplane gemäſs den Feind in Makedonien festzuhalten und
ihn durch die Blockade des Landes, durch Verheerung der
Küsten und Besetzung einzelner Punkte, vor allem durch Schürung
von Unzufriedenheit unter seinen Unterthanen mürbe zu machen
und zum Frieden zu zwingen. Doch darin verkannte er die
Macht Philipps. Dessen Reich war viel zu fest gefügt, um
durch solche Kriegführung erschüttert zu werden, und sein
Volk murrte wohl bisweilen über die Lasten, welche die weit-
ausgreifende Politik seines Herrschers ihm auferlegte, dachte

---

1) Vgl. Schäfer II. 508f.
2) S. Schäfer II. 523ff.

aber nicht daran seinem grofsen Könige den Gehorsam zu weigern. Der Seekrieg blieb so für Athen im ganzen erfolglos. Makedonien wurde zwar zur See blockiert, einzelne Landungen unternommen und im kleinen Kriege dem Feinde mancher Schaden zugefügt. Aber die Athener fanden an der feindlichen Küste keinen Stützpunkt; es zeigte sich jetzt, wie klug Philipp gehandelt hatte, als er keine selbständigen griechischen Städte hier duldete. Alle einzelnen Erfolge blieben für die Entscheidung belanglos. Eine Landung in Makedonien und Thrakien hätte nur Aussicht gehabt, wenn Athen über eine grofse Landmacht geboten, oder wenn Persien energisch in den Krieg eingegriffen hätte. Es schien eine Zeit lang, als ob es dies thun wollte. Die Satrapen hatten Perinthos entsetzt, und wahrscheinlich damals schickte der Grofskönig das schon erwähnte Korps nach Thrakien.[1]) Aber Persien verfolgte auch hier dieselbe halb schlaffe, halb übermütige Politik, die es schliefslich ins Verderben gestürzt hat, und liefs den Dingen ihren Lauf. Es hinderte Philipp thatsächlich nichts von Byzanz aus sogleich nach Griechenland zu ziehen. Denn die Hoffnungen, die Demosthenes[2]) auf die Thessaler setzte, waren sicher unbegründet; diese hätten dem Könige die Heeresfolge gewifs nicht verweigert. Und ob die Thebaner ihm den Durchmarsch wehren würden, war zum wenigsten zweifelhaft.

Philipp unternahm aber jetzt erst, was seine Feinde sehr überraschte, einen Zug gegen die Skythen an der Donau. Über seine Gründe dafür fehlt jede Überlieferung; wir müssen versuchen uns zu vergegenwärtigen, was ihn dazu bewegen konnte. Er hatte im letzten Kriege ganz Thrakien aufser den Seestädten unterworfen, aber für den Augenblick hatte diese Eroberung, so wichtig sie an sich war, mehr Opfer und Mühen gekostet, als sie unmittelbaren Gewinn brachte. Der Mifserfolg vor Perinthos und Byzanz schadete seinem Rufe bei den Griechen gewifs mehr, als der Sieg über die Thraker ihm nützte. Ferner hatte er vor Byzanz eine Koalition aller griechischen Seemächte gegen sich gehabt; es gelang ihm zwar wahrscheinlich sich mit Chios und Rhodos zu vergleichen, aber Byzanz mit seiner starken Flotte setzte den Krieg fort.[3]) Was hätte Philipp nun durch einen Einmarsch in Griechenland erreicht? Hier stand ihm ein festgeschlossener Bund gegenüber. Zu einer Feld-

---

1) S. oben S. 27. 4. Übrigens ist es zweifelhaft, ob dies eine offizielle Hilfesendung war.
2) Vgl. Dem. XVIII. 145 ff.
3) Dem. XVIII. 230, vgl. Schäfer II. 515f.

schlacht, in der er auf Sieg hoffen durfte, wäre es kaum gekommen. Er hätte das Gebiet seiner Feinde verheeren können, aber Athen war, solange es das Meer beherrschte, unbezwinglich, und auch die verbündeten Städte, zumal das wichtige Korinth, die nach Chäronea ohne Schwertstreich fielen, hätten jetzt unter dem frischen Eindruck des glücklichen Widerstandes von Perinthos und Byzanz sicher Gegenwehr geleistet. So wäre der Feldzug auf einen langwierigen Festungskrieg hinausgelaufen, und wie zweifelhaft ein Erfolg darin war, hatte Philipp eben gesehen. Die Athener konnten sich jederzeit leicht verproviantieren, da auch Euböa in ihrer Hand war,[1]) ebenso in jede andere Stadt, die etwa belagert wurde, Zufuhr und Verstärkungen werfen; sie konnten die Verpflegung des makedonischen Heeres hindern und Diversionen in seinem Rücken machen. Endlich konnte der König in Griechenland selber nicht auf nennenswerten Beistand rechnen; denn seine Anhänger im Peloponnes waren, wie der spätere Verlauf des Krieges zeigte, wenig zuverlässig, und Theben war zwar dem Namen nach noch mit ihm verbündet, aber zur Kriegshilfe ohne Zweifel nicht gewillt. Höchstens auf die Ätoler konnte er zählen. Ein Zug nach Griechenland versprach also augenblicklich sehr geringen Gewinn, während jeder Fehlschlag den Mut und die Zahl seiner Gegner vermehrt hätte. Vor allem aber lag Philipp zunächst daran seine Stellung in Thrakien zu befestigen und das neu erworbene Gebiet gegen die Einfälle der nördlichen Barbaren zu sichern. Deshalb handelte er klug berechnend wie immer: er verzichtete anscheinend ganz auf einen direkten Vorstofs gegen Athen und wartete, bis neue Verwicklungen in Griechenland ihm bessere Aussicht boten. Dafs es zu solchen kam, dafür sorgte die unverbesserliche Uneinigkeit und Kurzsichtigkeit der Griechen selbst, die dem makedonischen Einflufs stets neuen Spielraum öffnete — denn wir irren kaum, wenn wir diesen als bei der Anzettelung des amphissäischen Streites beteiligt annehmen. Einstweilen zog Philipp gegen den Skythenkönig Ateas, wobei er zugleich den Zweck verfolgte sein Heer durch einen Beutezug für die fruchtlosen Belagerungen zu entschädigen und diese Niederlagen durch neue Siege wettzumachen. Der Feldzug verlief glücklich, wenn auch die Beute durch einen Überfall der Triballer auf dem Rückmarsche verloren ging. Erst gegen Ende des Som-

---

1) Vgl. Dem. XVIII. 89: ὁ γὰρ τότε ἐνστὰς πόλεμος... ἐν πᾶσι τοῖς κατὰ τὸν βίον ἀφθονωτέροις καὶ εὐωνοτέροις διῆγεν ὑμᾶς τῆς νῦν εἰρήνης.

mers 339 kehrte der König nach Makedonien zurück, und inzwischen war, wie er es gewünscht, in Griechenland neuer Streit ausgebrochen.

Wir kommen nun zu der alten Streitfrage des amphissäischen Handels. Bekanntlich hat Demosthenes den Aeschines angeklagt die ganze Sache in Philipps Solde angezettelt zu haben, und diese Auffassung, die durch die folgenden Ereignisse scheinbar bestätigt und durch das Ansehen des Demosthenes gestützt ist, hat lange die Geschichtsschreibung beherrscht.[1]) Trotzdem ist sie ganz unhaltbar. Wir können die Thatsachen nur aus den Darstellungen der beiden Redner[2]) herauslesen, da wir leider keine anderen Nachrichten darüber haben. Im allgemeinen verdient Aeschines' Bericht, was das Thatsächliche angeht, Glauben. Danach wurde — wahrscheinlich im Frühjahr 339 — den athenischen Gesandten in Delphi mitgeteilt, die Lokrer von Amphissa wollten gegen Athen Anklage erheben, weil dies die zum Andenken an den Sieg bei Plataä geweihten Schilde hätte erneuern und vor der Entsühnung des Tempels aufhängen lassen. Um dem zuvorzukommen, klagte Aeschines als $\pi v \lambda \alpha \gamma \acute{o} \varrho \alpha \varsigma$ in Vertretung des erkrankten $\iota \varepsilon \varrho o \mu \nu \acute{\eta} \mu \omega \nu$ Diognetos die Amphisseer wegen der Bebauung des Feldes von Kirrha an, das dem Apollo geheiligt, aber nach dem phokischen Kriege von diesen in Besitz genommen war. Seine Rede machte grossen Eindruck, die Anklage gegen Athen war vergessen. Gleich am nächsten Tage zogen die Amphiktyonen aus und zerstörten die Anlagen der Amphisseer auf dem heiligen Lande, wurden aber von diesen auf dem Rückwege überfallen. Darauf beschlossen sie unter Vorsitz des Kottyphos von Pharsalos eine aufserordentliche Versammlung nach Thermopylä zu berufen, um über die Bestrafung der Frevler schlüssig zu werden. Dieser Bericht des Aeschines ist gewifs in der Hauptsache richtig. Demosthenes will zwar die Klage der Amphisseer als blofse Erfindung hinstellen;[3]) aber seine Gründe beweisen nur, dafs sie nicht förmlich eingebracht wurde, und das war ja eben durch Aeschines verhindert. Dafs die Sache von langer Hand vorbereitet war, soll ferner daraus hervorgehen, dafs Aeschines in so wohlgesetzter Rede die Lokrer zu überführen wufste, und dafs er gleich die nötigen Dokumente

---

1) Ihr folgen z. B. noch Köchly (Der Freiheitskrieg der Hellenen, im N. Schweiz. Mus. II. 1862), Curtius und im wesentlichen auch Schäfer.
2) Aesch. III. 113 ff. Dem. XVIII. 143 ff.
3) A. a. O. § 150.

vorbrachte.¹) Aber er war ja vorher von dem Vorhaben der Amphisseer unterrichtet, und ihm, dem Redegewandten, fiel es nicht schwer schnell eine Rede auszuarbeiten;²) die Urkunden aber konnte er sich aus dem Archiv in Delphi verschaffen. Also ein Beweis für den Verrat des Äschines läfst sich nicht liefern. Im Gegenteil ist diese Beschuldigung ganz ungereimt: er soll im Interesse Philipps den Krieg gegen die Amphisseer erregt haben. Aber wenn er sie nicht angeklagt hätte, so wäre ohne Zweifel deren Klage gegen Athen angenommen worden. Denn die Thessaler und ihre Nachbarn waren den Athenern, den alten Freunden der Phoker, feindlich gesinnt und ganz von Philipp abhängig; die Thebaner waren mit den Lokrern eng befreundet, dazu immer noch im Hader mit Athen, der gerade damals wieder recht heftig ausbrach.³) Vielleicht war auch von diesen die Anregung zu dem Vorgehen der Amphisseer erfolgt (oder wenigstens vermittelt), da sie gerade durch die Erneuerung der Schilde verletzt waren.⁴) Athen wäre also verurteilt worden, und höchst wahrscheinlich hätte es sich geweigert die Bufse zu zahlen; die Folge wäre gewesen, dafs ein amphiktyonischer Krieg gegen Athen erklärt wurde.

Und dies war, meiner Meinung nach, die Absicht, in welcher der ganze Handel angezettelt wurde. Die klageführenden Amphisseer handelten im Dienste Philipps, eben um einen „heiligen" Krieg gegen Athen zu erregen, und sie benutzten dazu den an sich ganz unbedeutenden Anlafs, den die Aufhängung der Schilde bot.⁵) Allerdings läfst es sich nicht mit handgreiflichen Belegen erweisen, dafs Philipp die Hand im

---

1) Dem. a. a. O. § 149: *καὶ λόγους εὐπροδώπους καὶ μύθους, ὅθεν ἡ Κιρραία χώρα καθιερώθη, συνθεὶς καὶ διεξελθών.* Vgl. Schäfer II. 536. Curtius III. 684.

2) Wenn er selbst seine Gegenklage als plötzlichen Einfall hinstellt (§ 118: *ἐπῄει δ' οὖν μοι μνησθῆναι τῆς τῶν Ἀμφισσέων παρανοίας κτλ.*), so beweist das nichts dagegen.

3) Dem. XVIII. 163. 168.

4) Sie trugen die Inschrift: *Ἀθηναῖοι ἀπὸ Μήδων καὶ Θηβαίων, ὅτε τἀναντία τοῖς Ἕλλησιν ἐμάχοντο.* Aesch. III. 116, vgl. ebenda: *οἱ Ἀμφισσεῖς ὑποπεπτωκότες τότε καὶ δεινῶς θεραπεύοντες τοὺς Θηβαίους.*

5) Auch Beloch scheint dieser Ansicht zu sein; s. Att. Pol. S. 223: „Unterdessen war der König bemüht gewesen ... den Athenern einen Krieg in Griechenland zu erregen und vor allem zu hindern, was er am meisten fürchtete, eine Annäherung zwischen Athen und Böotien". (Ebenso Gr. Gesch. II. 556 f.). Kurz darauf aber (S. 225) pflichtet er der Ansicht Schäfers bei, dafs Philipps „Absichten unmittelbarer gegen Theben als gegen Athen gerichtet" waren.

Spiele hatte. Unmöglich wäre es gerade nicht, dafs die Amphisseer oder die Thebaner, falls diese beteiligt sind, allein aus Mifsgunst gegen Athen, und ohne an die Folgen zu denken, die Klage erhoben hätten. Aber es ist wenig wahrscheinlich, dafs jene ganz aus eigenem Antrieb, etwa aus Lust auch einmal eine Rolle zu spielen, so aufgetreten und dazu gerade auf diese Sache verfallen sein sollten. Eher liefse sich annehmen, dafs sie von den Thebanern aufgehetzt seien. Aber auffällig bleibt dann, wie diese gerade jetzt dazu kamen. Die Schilde waren schon vor dem Ende des phokischen Kriegs erneuert: hätte Theben sich dadurch beleidigt gefühlt, so hätte es sogleich eine viel bessere Gelegenheit gehabt sich Genugthuung zu verschaffen, im Jahre 346 nämlich, als Athen schon einmal dicht vor einem amphiktyonischen Kriege stand. Jetzt war doch seitdem schon eine geraume Zeit verflossen. Wahrscheinlicher ist es auf jeden Fall, dafs der Streit von Philipp angestiftet ist, der allein Vorteil davon haben konnte. Gleichgültig bleibt es, ob er die Amphisseer selbst oder durch Vermittelung der Thebaner aufgereizt hat. Auch dies letztere ist sehr wohl denkbar. Denn der König hatte auch in Theben seine Partei, als deren Führer Demosthenes den Timolaos, Theogeiton, Anemötas nennt.[1]) Auch die grofse Masse der Thebaner wird gern zugestimmt haben, um der verhafsten Nachbarstadt einen Streich zu spielen; von Philipps weitergehenden Plänen hatte sie natürlich keine Ahnung. Die Amphisseer als getreue Anhänger Thebens wurden dann vorgeschoben, während die makedonischen Gesandten sich ganz zurückhielten.[2]) Nur auf diese Weise läfst sich, wie ich glaube, die Entstehung des Streites begreifen. Philipp hoffte dadurch zu erreichen, dafs gegen Athen ein „heiliger" Krieg erklärt würde. Dann wäre er selbst sicher zur Führung desselben herbeigerufen und hätte wieder als Vorkämpfer des delphischen Gottes in Hellas einziehen können, was ihm eine ganz andere Stellung gegenüber Athen verschafft hätte.[3]) Seine griechischen Bundesgenossen wären eifriger gewesen, von den athenischen wären vielleicht manche wankend geworden. Vor allem war jede Verständigung zwischen Athen und Theben ausgeschlossen, wenn er sich der Amphisseer, und damit indirekt auch der Thebaner, gegen die Athener annehmen konnte.

---

1) Dem. XVIII. 48. 295.
2) A. a. O. § 148.
3) Zwar ist er auch nachher in dieser Rolle aufgetreten, aber der heilige Krieg war gegen Amphissa, nicht gegen Athen gerichtet.

Eine andere Ansicht vertritt Schäfer,[1]) der von der Voraussetzung ausgeht, dafs Aeschines in Philipps Interesse vorging. Er meint, dessen Absichten wären „unmittelbarer wider Theben als wider Athen gerichtet" gewesen; der König hätte also einen amphiktyonischen Krieg nicht gegen das letztere, sondern gegen Amphissa und Theben gewollt. Es war ja zweifelhaft, ob Theben, das seine enge Verbindung mit Philipp gelöst hatte, ihm ohne Widerstand die Hegemonie zugestanden hätte; andrerseits war es mit Athen noch so verfeindet, dafs ein Eintreten desselben für Theben nicht eben wahrscheinlich war. Aber Philipp mufste doch Demosthenes soweit kennen, dafs er einsah, solange dieser an der Spitze Athens stand — und er stand damals fester als je —, würde er alles daran setzen, um ein Bündnis mit Böotien zu stande zu bringen, das sein sehnlichster Wunsch war. Oder hoffte der König etwa durch das Anbieten eines Bündnisses gegen Theben die Athener auf seine Seite zu bringen, d. h. die Kriegspartei zu stürzen? Dies war doch bei der Stellung, die sie damals hatte, und die durch die bisherigen Erfolge so gefestigt war, mehr als zweifelhaft. Wenn Philipp unbedingt am meisten darauf bedacht sein mufste eine Verbindung der beiden Staaten zu verhüten, so mufste er doch alles vermeiden, was die Thebaner dazu geneigt machen konnte. Wandte er sich aber jetzt selbst gegen sie, so trieb er sie den Athenern in die Arme und machte sich durch eigne Schuld zwei mächtige Gegner statt eines. Ich kann es Philipp, der sich stets als so vorsichtigen und klug erwägenden Staatsmann zeigt, nicht zutrauen, dafs er einen so unsicheren und gefahrvollen Weg einschlagen wollte, während eine Verurteilung Athens durch die Amphiktyonen ihm so viel günstigere Aussichten bot. Überhaupt sehe ich nicht ein, weshalb er eigentlich damals Theben hätte zum Kriege reizen sollen. Ob dies sich seiner Hegemonie gutwillig fügen würde oder nicht, war eine spätere Sorge. Jetzt galt es Athen, den viel gefährlicheren Feind, zu bezwingen, mit dem er sich doch schon in offenem Kriege befand. War erst dies besiegt, so mufste Theben, das keinen Rückhalt an einer Seemacht besafs, wohl oder übel sich ihm unterordnen. Was Beloch sagt von dem unversöhnlichen Gegensatz zwischen der nationalen Politik des Königs und dem „im innersten Grunde antinational gesinnten Staate", „jener Burg des Perserkönigs in Hellas, die Philipp zu seinen Füfsen sehen mufste, ehe er an die Verwirklichung seiner nationalen Pläne

---

1) II. 537 ff.

ging",[1]) beruht doch nur auf seiner subjektiven Auffassung. Philipp hat sich durch solche Gründe sicher nicht in seinen Entschlüssen bestimmen lassen, sowenig wie sie ihn früher gehindert haben sich mit Theben zu verbinden, oder nachher von diesem Hilfe gegen Athen zu verlangen.

Ich glaube also an der oben dargelegten Auffassung festhalten zu sollen. Philipps Pläne waren nun durch Aeschines durchkreuzt, statt gegen Athen war der heilige Krieg gegen Amphissa erklärt. Unzweifelhaft handelte Aeschines in gutem Glauben und im Interesse seiner Vaterstadt, wie er es verstand. Er hatte eine schwere Gefahr von dieser abgewandt, es mag auch sein, dafs er — wie Beloch[2]) glaubt, der allerdings ihn meiner Meinung nach viel zu günstig beurteilt — damit die Absicht verband Athen die Führung in dem Kriege gegen Lokris zu verschaffen und so eine Einigung mit Makedonien herbeizuführen. Aber es ist die Frage, ob dies wirklich für Athen vorteilhaft war; und überhaupt kam es nicht darauf an, was Aeschines, sondern was Demosthenes wollte, der damals die Regierung in Athen führte. Dieser hatte offenbar über dem äufseren Kriege und den inneren Reformen die Verhältnisse in Delphi ganz aufser Acht gelassen; nur so ist es zu begreifen, dafs so erklärte Gegner seiner Politik wie Aeschines und Meidias zu Pylagoren gewählt werden konnten. Er wurde jedenfalls von den Ereignissen in Delphi ganz überrascht. Was er, wäre er selbst dort gewesen, gethan hätte, läfst sich nicht sagen. Jetzt aber mufste er sich entscheiden, wie er sich zu der durch Aeschines geschaffenen Lage stellen sollte.

Beloch[3]) macht es Demosthenes zum Vorwurf, dafs er, um selbst am Ruder zu bleiben, Athen von einer wirklich nationalen Politik zurückgehalten habe. „Welche Aussicht, wenn Athen die neugeschaffene Lage benutzte, wenn es den Mut hatte sich an die Spitze des Kriegszuges gegen Lokris zu stellen, wie es ihm seinen Traditionen nach zukam! Auf der Basis der gemeinsamen Verehrung gegen das delphische Heiligtum und durch Vermittelung der Thessaler hätte sich dann der Krieg gegen Philippos leicht beilegen lassen; der König hätte nichts Besseres gewünscht. Dann konnten beide, Makedonen und Athener, ihre Waffen gegen Theben wenden u. s. w." Belochs Ansicht beruht auf seiner Grundauffassung, dafs Philipps Politik eine nationale

---

1) Att. Polit. S. 228. 225. Gr. Gesch. II. 558.
2) A. a. O.
3) Att. Polit. S. 225 f.

war, und dafs er ein aufrichtiges Einvernehmen mit Athen wünschte. Wie ich oben ausgeführt habe, bin ich der Meinung, dafs Demosthenes wenigstens jenes nicht anerkannte und nicht anerkennen konnte, und dafs Philipp wohl Freundschaft mit Athen halten wollte, aber nur unter der Bedingung, dafs dieses sich ihm unterordnete. Und wie die Dinge damals standen, hätte es Athen wenig Ehre gebracht sich mit Philipp gegen eine griechische Stadt zu verbünden, nachdem es eben ganz Griechenland gegen diesen als den gemeinsamen Feind aufgerufen hatte. Freilich, der König wäre mit Freuden darauf eingegangen, hätte er doch Theben sich unterworfen und Athen dauernd an sich gefesselt. Denn wenn den Athenern dann ja noch einmal eingefallen wäre sich gegen ihn zu erheben, so konnten sie sicher sein keine Bundesgenossen wieder zu finden. Und was hätten sie bei dem Bündnis gewonnen? Sie hätten vielleicht Oropos und andere kleine Zugeständnisse erhalten, aber mit den Aussichten auf eine leitende Stellung in Griechenland war es vorbei. Es war also keineswegs blofs „die künstlich erregte Parteileidenschaft", die über „besonnene Erwägungen" den Sieg davontrug.

Diesen Weg also konnte Athen nicht gehen, aber was sollte es thun? Durch Aeschines' Vorgehen gegen Amphissa war die Spannung zwischen Athen und Theben wieder verschärft; es erschien danach natürlich, dafs Athen die Exekution gegen Lokris nun selbst übernahm. Holm[1]) meint, es hätte dadurch zugleich die Amphiktyonen befriedigt, die eigene Ehre und den eigenen Vorteil wahrgenommen, und — was das wichtigste wäre — Philipp wäre nicht nach Griechenland gekommen. Ich glaube vielmehr, Athen hätte gar nicht schlimmer gegen sein eigenes Interesse handeln können. Denn die Amphiktyonen, d. h. die Thessaler und ihre Nachbarstämme, wären deshalb in dem Kriege mit Makedonien sicher nicht für Athen eingetreten oder auch nur neutral geblieben. Dagegen wäre Theben aufs äufserste gereizt worden. Philipp wäre dann zwar nicht als Feldherr der Amphiktyonen, aber als Verbündeter Thebens in Griechenland erschienen, was ohne Frage für ihn viel mehr wert war. Denn weshalb sollte er dann nicht hierher gekommen sein? Einen Vorwand dazu brauchte er nicht, da er ja mit Athen im Kriege war, und dafs er ohne einen Ruf der Amphiktyonen Hellas nicht zu betreten gewagt hätte, ist eine ganz verkehrte Anschauung, die zwar auf Demo-

---

1) Gr. Gesch. III. 306 f. 315 f.

sthenes' Darstellung beruht, an die er aber selber kaum geglaubt hat.

Demosthenes schlug den einzig möglichen Weg ein, er setzte es durch, dafs die Athener die aufserordentliche Amphiktyonenversammlung nicht beschickten und sich so von dem Verfahren gegen die Lokrer ganz lossagten.¹) Dadurch trat Athen in Interessengemeinschaft mit Theben, das ebenso verfuhr.²) Vielleicht hätte Demosthenes schon damals es erreichen können sich mit diesem ins Einvernehmen zu setzen.³)

Es ist wohl angezeigt hier einen Blick auf die **Stellung Thebens** zu werfen. Dies hatte bekanntlich nach Epimanondas' Tode die Grofsmachtspläne keineswegs aufgegeben, aber es wurde durch den phokischen Krieg völlig gelähmt. Um ihn zu beenden, rief es Philipp herbei, der denn auch die Phoker bewältigte und den Thebanern die Herrschaft über ganz Böotien wiedergab. Damit waren sie aber nicht zufrieden. Sie hatten gehofft die Hegemonie wenigstens in Mittelgriechenland zurückzugewinnen. Nun ging die Leitung des amphiktyonischen Bundes, die sie vor dem Kriege besessen hatten, auf Philipp über, dieser machte Thessalien sich unterthänig, besetzte den Thermopylenpafs, verbündete sich mit den Ätolern; auch im Peloponnes zog er die früheren Anhänger der Thebaner zu sich hinüber. Ihr Machtbereich umfafste aufser Böotien nur noch Lokris. Wohl ist es wahr, dafs sie zu schwach waren, um die alte Stellung zu behaupten; aber desto mehr grollten sie Philipp, von dem sie sich verdrängt sahen. Ein Anzeichen des gespannten Verhältnisses ist es, dafs schon im Jahre 344 das Gerücht ging, der König wollte Elatea besetzen zum Kampfe gegen Theben.⁴) Weiterhin hatte er dieses durch die Besetzung von Echinos und Nikäa beleidigt. Wenn jetzt auch Lokris bedroht wurde, so konnten die Thebaner kaum ruhig zusehen. Zunächst hielten auch sie sich von dem Verfahren gegen die Amphisseer zurück, vielleicht unterstützten sie sie auch schon unter der Hand. Sie befolgten also genau dieselbe Politik wie die Athener. Einem Bündnis stand nun allerdings die Feindschaft entgegen, die noch auf beiden Seiten bestand. Aber diese wäre vielleicht auch jetzt schon zu überwinden gewesen, wie es später Demosthenes vermocht hat. Denn alle Überlegungen wiesen beide

---

1) Aesch. III. 126 f.
2) A. a O. 128.
3) S. Spengel a. a. O. S. 68.
4) Dem. VI. 14: οὐκοῦν φασὶ μὲν μέλλειν πρὸς τοὺς Θηβαίους αὐτὸν ὑπόπτως ἔχειν, καὶ λογοποιοῦσι περιιόντες τινὲς ὡς Ἐλάτειαν τειχεῖ.

Staaten auf ein gemeinsames Vorgehen hin. Die Lage war im Grunde ganz die gleiche wie nach der Besetzung von Elatea, nur daſs die Entscheidung nicht so drängte. Denn daſs die Berufung Philipps bevorstand, wenn Athen und Theben sich ganz unthätig verhielten, konnte Demosthenes vorhersehen, und dies muſste den Athenern wie den Thebanern klar zu machen sein. Wenn sich aber die beiden Mächte zusammenthaten, so wäre es wohl möglich gewesen, den Streit gütlich zu schlichten. Die Lokrer hätten sich zu Zugeständnissen bewegen lassen, bei denen sich die Amphiktyonen wohl beruhigt hätten. Philipp stand noch im Skythenlande[1]) und war von dieser Wendung der Dinge schwerlich schon unterrichtet. Dann wäre diesem zwar nicht die Möglichkeit genommen in Griechenland einzurücken (um das nochmals zu betonen), wohl aber der Vorwand die Sache des delphischen Gottes zu verfechten; und Athens Stellung wäre durch die Beseitigung des „heiligen" Krieges und besonders durch das Einvernehmen mit Theben sehr verbessert. Die Absicht, in der, wie wir annahmen, Philipp die ganze Sache angezettelt hatte, war dann vollkommen vereitelt. Aber Demosthenes benutzte die Gelegenheit nicht, er machte, soviel wir wissen, nicht einmal einen Versuch in dieser Richtung. Hoffte er, daſs der Streit im Sande verlaufen würde?[2]) Zweifelte er daran die Athener zu dem Bündnis bestimmen oder die Thebaner jetzt schon gewinnen zu können? Oder wollte er gerade eine Entscheidung herbeiführen in der Zuversicht, daſs im letzten Augenblick Theben sich doch ihm anschlieſsen, und daſs so eine Gelegenheit kommen würde Philipp gründlich zu schlagen? Ich wage es nicht zu entscheiden. Athen wie Theben sah also der Entwicklung der Dinge ruhig zu, und so kam es denn, wie es vorauszusehen war.

Die Amphiktyonen beschlossen den heiligen Krieg gegen Amphissa und unternahmen im Sommer 339 unter Kottyphos einen Feldzug; die Amphisseer fügten sich zum Schein, sobald aber das Heer abgezogen war, setzten sie alles wieder in den vorigen Stand und zahlten die auferlegte Buſse nicht.[3]) Nun wurde ein neuer Zug beschlossen und Philipp,

---

1) Aesch. III. 128.
2) Dem widerspricht seine Darstellung in der Kranzrede (§ 143), falls sie wahrheitsgetreu ist: καὶ τοῦτ' εὐθὺς ἐμοῦ διαμαρτυρομένου καὶ βοῶντος ἐν τῇ ἐκκλησίᾳ· 'πόλεμον εἰς τὴν Ἀττικὴν εἰσάγεις, Αἰσχίνη, πόλεμον Ἀμφικτυονικόν.'
3) Aesch. III. 129. Nach Dem. XVIII. 151 hätte Kottyphos überhaupt nichts ausgerichtet.

der inzwischen nach Makedonien zurückgekehrt war, zum Feldherrn erwählt. Diese Berufung geschah durch die von dem Könige abhängige Mehrheit der Amphiktyonen und ist wahrscheinlich durch ihn selber veranlafst, sicher ihm sehr erwünscht gewesen.[1]) Vielleicht hat auch Kottyphos in seinem Interesse den Krieg nur lau geführt.

Philipp hatte nun einen unverdächtigen Anlafs zum **Einmarsch in Griechenland**, um dort seine Rüstungen zu vervollständigen und seine Stellung in politischer und militärischer Hinsicht zu verbessern. Zwar mufste sein Krieg gegen Amphissa die Thebaner aufs neue reizen, aber er hoffte diese durch die Erklärung zu beschwichtigen, dafs seine Absicht sich — wie es ja thatsächlich der Fall war — nicht gegen Lokris, sondern gegen Athen richte; aufserdem rechnete er darauf durch die Schnelligkeit seines Erscheinens allen Bemühungen der Athener zuvorzukommen. Deshalb brach er sogleich mit den verfügbaren Streitkräften auf, durchzog die Thermopylen und besetzte Kytinion und Elatea. Von hier aus schickte er Gesandte nach Theben und verlangte Beihilfe gegen Athen oder wenigstens freien Durchmarsch, ein Begehren, dem die Anwesenheit seines Heeres an den böotischen Grenzen einen starken Nachdruck verlieh. — Nach Plutarchs Erzählung[2]) geht die Eroberung von Amphissa der Besetzung von Elatea vorauf. Dagegen spricht aber die Darstellung der beiden Redner,[3]) besonders der gewaltige Eindruck, den die Nachricht von Philipps Ankunft in Elatea in Athen machte;[4]) ferner wurde das Söldnerheer in Amphissa von dem Thebaner Proxenos und dem Athener Chares befehligt,[5]) also mufste das athenisch-thebanische Bündnis schon geschlossen sein. Philipp lag ja auch gar nichts an Amphissa. Er mufste Theben durch Überraschung zu gewinnen suchen, die Eroberung von Amphissa (und von Naupaktos) hätte ihn dabei unnötig aufgehalten und die Thebaner aufs äufserste erbittert.

Die Besetzung von Elatea mufste jedem die Augen darüber öffnen, wem der Zug Philipps eigentlich galt; denn diese Stadt

---

1) Beloch (Gr. Gesch. II. 559) meint zwar, dafs Philipp das amphiktyonische Mandat in diesem Augenblick sehr unbequem gewesen sei; aber wenn das der Fall gewesen wäre, hätte er es wohl zu hintertreiben gewufst.
2) Demosth. cp. 18.
3) Dem. XVIII. 152 f. Aesch. III. 140.
4) Dem. XVIII. 169 ff.
5) Deinarch. I. 74. Polyaen. IV. 2. 8.

lag auf der Strafse nach Böotien und Attika. Die Athener hätten auf das Nahen des Feindes gefafst sein sollen, dennoch erregte die Nachricht allgemeine Bestürzung. Demosthenes aber zeigte sich der Lage gewachsen: auf seine Veranlassung rückte das ganze athenische Aufgebot kriegsbereit nach Eleusis, und zehn Gesandte wurden erwählt, um über ein Bündnis zwischen Athen und Theben zu verhandeln, unter ihnen natürlich Demosthenes selbst. Der Auszug des Heeres nach Eleusis bot ihren Anträgen einen ähnlichen Rückhalt, wie Philipp ihn an seiner Stellung in Elatea hatte; und sie erhielten Vollmacht im Verein mit den Strategen über den weiteren Vormarsch zu bestimmen.[1]) Um Theben bewarben sich also jetzt die beiden kriegführenden Parteien, und bei ihm stand, wenn auch nicht die Entscheidung des ganzen Krieges, so doch die, ob überhaupt den Makedonen ein griechisches Heer im Felde entgegentreten konnte. Schlofs Theben sich an Philipp an, oder blieb es nur neutral, so konnte dieser ungehindert die Belagerung Athens beginnen und den hellenischen Bund zu sprengen suchen. So boten denn seine Bevollmächtigten alles auf, um die Thebaner zu gewinnen. Sie erinnerten an den Beistand gegen die Phoker und an die alte Feindschaft mit Athen, sie versprachen Anteil an der Siegesbeute und drohten im anderen Falle mit einer Verheerung ganz Böotiens. Ihre Vorstellungen machten zuerst grofsen Eindruck, dennoch gelang es Demosthenes die Thebaner auf seine Seite zu bringen. Den Ausschlag dafür gab die ganze politische Lage, die ihren Entschlufs gebieterisch bestimmte. Nicht die „antinationale Gesinnung" zwar machte es ihnen unmöglich sich mit Philipp zu verbünden, „dessen letztes Ziel der Nationalkrieg gegen Persien war".[2]) Aber der König konnte ihnen nichts bieten als einige Gebietserweiterungen, während sie die Herstellung ihrer Hegemonie, die sie vor dem phokischen Kriege besessen, wollten. Dies konnte er aber nicht zugeben, wenn er nicht selbst auf die Herrschaft in Griechenland verzichten wollte. Und es war klar, dafs nach der Besiegung Athens Theben gegen Makedonien wehrlos war. Hingegen gewährte ein Bündnis mit Athen dieselben Vorteile, wie das mit Philipp, und noch weit mehr. Athen sicherte den Thebanern den Besitz von ganz Böotien zu, es erkannte auch Oropos stillschweigend

---

1) Dem. XVIII. 177f.
2) Beloch, Att. Pol. S. 228. Inwieweit Philipp überhaupt einen „Nationalkrieg" gegen Persien wollte, darüber vgl. unten S. 66.

als thebanischen Besitz an. Dazu bot ein Sieg über die Makedonen die glänzendsten Aussichten. Denn als Landmacht war Theben stärker als Athen, und ihm mufste daher dann die Hegemonie in Mittelgriechenland und Thessalien von selbst zufallen. Alle diese Erwägungen drängten die Thebaner auf die athenische Seite, aber das Verdienst bleibt Demosthenes, dafs er diese Umstände ihnen klargelegt und im entscheidenden Augenblick durch seine Beredsamkeit sie fortgerissen hat[1]) trotz aller Bemühungen Philipps und seiner einflufsreichen Anhänger, ebenso wie er schon seit langem diesen Fall vorhergesehen und vorbereitet hatte. Allerdings machte Athen grofse Zugeständnisse, und Demosthenes wurde darum viel angefeindet.[2]) Es gab Oropos auf und erkannte die Herrschaft Thebens über ganz Böotien an, es verzichtete damit auf den Wiederaufbau von Thespiä und Platää, seiner alten Bundesstadt. Für die Dauer des Krieges erhielten die Thebaner grofse Vorrechte, sowohl in der Verteilung der Kosten als in der Führung. Diese Bestimmungen konnten auch, nach dem Siege über Philipp, leicht zu einem Kriege zwischen den beiden Staaten führen.[3]) Aber alles das war im gegenwärtigen Augenblick gleichgültig; für Athen war das Bündnis soviel wert, dafs die gebrachten Opfer gering dagegen waren, und um spätere Möglichkeiten sich zu sorgen war jetzt wahrlich nicht die Zeit. Aufserdem dürfen wir nicht vergessen, dafs zwar die militärische Führung Theben zu Lande ganz und zur See gemeinsam mit Athen[4]) zugestanden wurde, dafs aber thatsächlich Demosthenes, also Athen, die politische Leitung des Bundes hatte.[5])

Durch das Bündnis mit Theben war für Athen die dringendste Gefahr behoben, ein Einfall in Attika war zunächst nicht zu besorgen. Im Verein mit Theben konnte es dem Feinde auch im offenen Felde die Spitze bieten. Philipp dagegen sah alle seine bisherigen Bemühungen um die Hegemonie vereitelt, er mufste nun doch die Entscheidung dem Schwerte überlassen. Während das athenische und thebanische

---

1) Dies erkennt auch sein Gegner Theopomp an (bei Plut. Dem. cp. 18).
2) Aesch. III. 106.
3) Darauf weist hin Holm, a. a. O.
4) Dies letztere war übrigens eine blofse Form, da Theben keine Flotte besafs.
5) Theopomp. a. a. O.: ὑπηρετεῖν δὲ μὴ μόνον τοὺς στρατηγοὺς τῷ Δημοσθένει ποιοῦντας τὸ προσταττόμενον, ἀλλὰ καὶ τοὺς Βοιωτάρχους, διοικεῖσθαι δὲ τὰς ἐκκλησίας ἁπάσας οὐδὲν ἧττον ὑπ' ἐκείνου τότε τὰς Θηβαίων ἢ τὰς Ἀθηναίων, ἀγαπωμένου παρ' ἀμφοτέροις καὶ δυναστεύοντος.

Heer sich vereinten und den Paſs von Parapotamioi, der die
Strafse von Elatea her sperrte, und andere Plätze in Phokis
besetzten, hielt er sich in der Defensive. Er scheint noch
nicht stark genug gewesen zu sein, um einen Angriff auf die
gesamte Macht der Gegner zu wagen; wir erfahren, daſs Antipater noch in Makedonien war,[1]) und daſs Philipp noch Verstärkungen von seinen Bundesgenossen erwartete.[2]) So be-
schränkte sich der Krieg im Winter 339/8 auf kleinere
Gefechte, die für die Verbündeten günstig verliefen. Gleichzeitig sandten beide Parteien Gesandte umher, um ihre Bundesgenossen aufzubieten. Die Mitglieder des hellenischen Bundes
haben, wie es scheint, sämtlich Hilfe gesandt;[3]) dagegen blieben
Philipps wiederholte Aufforderungen an die mit ihm verbündeten
peloponnesischen Staaten vergeblich — ein Beweis, daſs ihm
jetzt auch der Vorwand des „heiligen" Kriegs wenig nützte[4]) —,
diese hielten sich vielmehr neutral gemäſs den oben erwähnten
Verträgen mit Athen.[5]) Dies war für die Verbündeten sehr
wertvoll, denn die Arkader, Argiver, Messenier, Eleer hätten
zwar nicht zu Philipps Heer stoſsen, da ihnen Korinth und
Achaja den Weg sperrten, wohl aber die Kontingente dieser
Städte vom Kriegsschauplatz fernhalten können. In unmittelbarer Nähe desselben gewannen die Gegner Philipps noch
eifrige und unbedingt zuverlässige Verbündete in den Phokern.
Unter dem Schutze des athenisch-thebanischen Heeres wurden
die meisten phokischen Städte aufgebaut und boten wichtige
Stützpunkte für die Kriegsführung.[6]) Die Aussichten waren
also zu Anfang des Jahres 338 für Athen durchaus günstig.
Fast alle Erfolge Philipps in Griechenland waren zunichte ge-
worden, ihm folgten nur noch die Thessaler mit den kleineren
Gebirgsstämmen und die Ätoler. Die meisten und bedeutend-
sten griechischen Staaten standen gegen ihn in Waffen, die
Athener, Thebaner, Lokrer und Phoker mit ihrer gesamten
Macht, dazu die Kontingente der Euböer, Megarer, Korinther,
Achäer, Akarnanen, Leukadier, Ambrakioten, Korkyräer. Die

---

1) Polyaen. IV. 2. 8.
2) Diodor. XVI. 85. 5.
3) Dem. XVIII. 237, vgl. oben S. 29. 5.
4) Vgl. Dem. XVIII. 156. 158.
5) Vgl. oben S. 30.
6) Auch die Thebaner vergaſsen ihren alten Haſs gegen die Phoker,
wenigstens im Drange der Not, und boten zu ihrer Wiederherstellung hilfreiche
Hand: darin liegt ein bemerkenswertes Zeichen dafür, daſs Demosthenes'
Streben nach einer nationalen Einigung der Griechen gegen Makedonien doch
nicht ganz aussichtslos war.

Stimmung der Griechen war die beste,[1]) auch ihre Zahl schwerlich viel geringer als die der Makedonen. Zudem hatten sie eine vortreffliche Stellung, da sie die Pässe nach Böotien und Lokris beherrschten.

Wie sehr Philipp selbst über den Ausgang des Krieges im Zweifel war, zeigt, dafs er noch nach der Eroberung von Amphissa[2]) neue Verhandlungen begann. Die thebanischen Behörden waren geneigt sich darauf einzulassen, und in Athen sprach Phokion in gleichem Sinne. Aber Demosthenes, der die Bürgerschaft ganz beherrschte, und der ziemlich terroristisch aufgetreten zu sein scheint, verhinderte jedes Eingehen auf die Verhandlung.[3]) Er konnte in Philipps Anträgen nur den Versuch sehen die Entscheidung bis zu einem für diesen günstigeren Zeitpunkt hinauszuschieben, um inzwischen an der Auflösung des griechischen Bundes zu arbeiten. Und die Gefahr lag sicher vor, dafs wenigstens Theben, das in einer Stunde der höchsten Not sich an Athen angeschlossen hatte, nach Philipps Abzug sich wieder lossagte. Er mufste auch fürchten, dafs der König die Unterhandlungen überhaupt nicht in der ernstlichen Absicht Frieden zu schliefsen eröffnete, sondern nur Zeit gewinnen und Zwietracht unter den Verbündeten säen wollte. Holm[4]) ist der Ansicht, die Athener hätten damals den Frieden annehmen müssen, den Philipp wirklich wünschte, da er die Griechen für seinen Krieg gegen Persien brauchte. Ich bezweifle, dafs dieser damals einen Feldzug nach Asien unternommen hätte, wenn er in seinem Rücken eine so starke Macht, die ihm eben mit Erfolg widerstanden hatte, zurücklassen mufste. War er doch Griechenlands durchaus nicht sicher, auch wenn jetzt ein Frieden geschlossen wurde. Holm führt weiter aus, die Wahl Philipps zum Oberfeldherrn gegen Persien, ehe er die Griechen geschlagen, wäre das beste Mittel gewesen ihn unter Sicherung der griechischen Freiheit loszuwerden; denn damals hätten die Griechen noch ihre Bedingungen stellen können, während sie nach Chäronea die des Königs annehmen mufsten. Er bestreitet dabei, dafs diese Wahl gleichbedeutend gewesen wäre mit der Anerkennung der makedonischen Oberherrschaft. Bei der gewaltigen Übermacht aber, die Philipp gegenüber jedem griechischen Staate besafs, war dies im Grunde

---

1) Diodor. XVI. 85. 6.
2) Schäfer II. 559. Nach Beloch, Gr. Gesch. II. 562. 1. fallen diese Verhandlungen an den Anfang des Krieges.
3) Aesch. III. 148 ff.
4) A. a. O. Vgl. Spengel a. a. O. S. 79.

doch dasselbe, und vollends nach dem Siege über Persien stand es ganz bei ihm, wie weit er sich an die mit den Griechen vereinbarten Bedingungen halten wollte. — So hat ja auch Alexander in seinen letzten Jahren seine Stellung zu diesen völlig geändert. — Übrigens glaube ich nicht, dafs Philipp schon damals die Forderung gestellt hätte zum Oberfeldherrn gewählt zu werden, da er unter den gegenwärtigen Umständen an einen Zug nach Asien nicht denken konnte; auch war trotz seines Erfolges bei Amphissa der Gang des Krieges nicht derart, dafs die Verbündeten dies zugestanden hätten. Wenn Philipp überhaupt einen Frieden schliefsen wollte, wird er wiederum den augenblicklichen Besitzstand als Grundlage beabsichtigt haben. Ein solcher Frieden aber konnte nur ein Waffenstillstand sein, da er die Entscheidung über die Hegemonie in Griechenland offen liefs. Und diese Entscheidung konnte, wie die Dinge einmal lagen, nur im offenen Felde fallen. Da der Kampf also unvermeidlich war, handelte Demosthenes ganz richtig, wenn er ihn jetzt zu Ende führen wollte, da er ihn später schwerlich wieder unter so günstigen Aussichten hätte aufnehmen können. Deshalb wollte er auch nicht mehr, wie früher vor Thebens Anschlufs, eine Feldschlacht vermeiden,[1]) offenbar weil er auf die Stärke des verbündeten Heeres vertraute und endlich einmal den verhafsten Gegner gründlich zu besiegen hoffte. Allerdings unterschätzte er dabei die Tüchtigkeit des makedonischen Heeres und die Feldherrnkunst des Königs, mit dem sich keiner der griechische Anführer vergleichen liefs, ebenso wie die Griechen nicht an Tapferkeit, aber an Disziplin, Übung und Ausdauer den Makedonen nachstanden. Philipps Politik erscheint auch hier vorsichtig und mafsvoll: ein Sieg mufste ihn ans Ziel seiner Wünsche führen, während eine Niederlage seine Pläne nur aufhalten, nicht aber völlig vereiteln konnte, wie sein Kampf gegen Onomarchos zu einer Zeit, wo er noch bei weitem nicht so mächtig war, deutlich zeigt. Seine Herrschaft in Makedonien und Thrakien, wohl auch in Thessalien wäre durch eine verlorene Schlacht nicht erschüttert worden. Dennoch zog er es vor nichts aufs Spiel zu setzen. Da ihn aber seine Feinde zur Fortführung des Krieges zwangen, handelte er mit aller Energie und mit allem Geschick.

---

1) Plut. Phoc. c. 16: ὁ Δημοσθένης ἐκράτει κελεύων ὡς πορρωτάτω τῆς Ἀττικῆς θέσθαι μάχην τοὺς Ἀθηναίους. Auch in der Kranzrede erwähnt Demosthenes nirgends, dafs er eine Feldschlacht widerraten habe.

So entschieden denn die Waffen, und sie entschieden für Philipp. Denn so tapfer auch die Griechen in der Schlacht waren, in der Kriegführung begingen sie schwere Fehler, die ein Feind wie Philipp wohl zu nutzen wufste. Ein solcher Fehler war schon die Entsendung von 10000 athenischen Söldnern nach Amphissa,[1]) denn dadurch wurden die griechischen Streitkräfte unnütz zersplittert, während die 10000 Mann bei Chäronea die besten Dienste hätten leisten können. — Köchly[2]) rechtfertigt diese Mafsregel damit, dafs die Griechen dadurch Philipps rechte Flanke bedrohten und ihn hinderten sich in Amphissa festzusetzen und von da aus den Peloponnes zu bedrohen. Aber an Amphissa war wenig gelegen, da die griechische Stellung durch den Pafs von Parapotamioi und die phokischen Städte vollauf gedeckt war; und ein Übergang der Makedonen in den Peloponnes war kaum zu befürchten, da es ihnen an Schiffen dazu fehlte. Philipp hat ja auch nach der Eroberung von Amphissa keinen solchen Versuch gemacht. — Sodann gelang es dem Könige zweimal die Feinde durch List aus ihren vortrefflichen Stellungen in dem Passe zwischen Kytinion und Amphissa und in dem von Parapotamioi zu locken, sodafs er erst die Söldner allein vernichten und dann das Haupttheer zur Schlacht auf einem ihm günstigen Gelände zwingen konnte. Die Schlacht bei Chäronea aber wurde ebenso sehr durch die Disziplin und Ausdauer seiner kriegsgeübten Truppen wie durch seine eigene einheitliche und geschickte Leitung gewonnen, während die Verbündeten ohne festen Plan und ohne Ordnung und Zusammenhang fochten.

IV. Der Frieden des Demades und der korinthische Bund (338).

Mit dieser Schlacht war der Krieg zu Ende. Das griechische Heer hatte schwere Verluste erlitten und konnte das offene Feld nicht mehr halten, die einzelnen Abteilungen zerstreuten sich in ihre Städte. Philipp fiel als erster Siegespreis Theben in die Hand, das auf eine Belagerung nicht gerüstet war und auf keinen Entsatz zählen durfte. So mufste es auf alle Bedingungen des Siegers eingehen. Es wurde den Thebanern nur ihr altes Stadtgebiet belassen und der böotische Bund aufgelöst; die Landgemeinden erhielten ihre Selbständig-

---

1) Vgl. Aesch. III. 146f.
2) A. a. O. S. 49f.

keit zurück, Orchomenos, Platää und Thespiä sollten aufgebaut werden. Die Kadmea wurde mit einer makedonischen Besatzung belegt und die Regierung in der Stadt den zurückgerufenen Verbannten, d. h. den Gegnern der athenischen Partei, übertragen, die mit Hinrichtungen und Verbannungen gegen die bisherigen Staatsleiter vorgingen. Mit dieser harten Behandlung Thebens wollte Philipp nicht blofs seinen Übertritt zu Athen bestrafen, sondern auch verhüten, dafs die Stadt, bis dahin die bedeutendste Landmacht Griechenlands, sich wieder gegen ihn erhob. Deshalb besetzte er die Burg und brachte seine Anhänger ans Ruder und, um die Macht Thebens dauernd zu schwächen, zerstörte er den böotischen Bund und beschlofs die feindlichen Nachbarstädte herzustellen. Theben war so ganz in makedonischer Gewalt und damit Mittelgriechenland, in dem aufserdem noch Chalkis und Ambrakia Besatzungen erhielten.

Ganz anders trat Philipp gegen Athen auf, auch hier klug berechnend. Solche Bedingungen, wie sie den Thebanern gestellt waren, hätten die Athener nur im äufsersten Notfalle angenommen. In dieser Lage aber waren sie noch keineswegs. Die Landschaft Attika stand dem Feinde offen, aber die Festungswerke der Stadt und des Hafens boten Schutz gegen jeden Angriff und eine Aushungerung war nicht möglich. Die Bürgerschaft war noch nicht entmutigt, die antimakedonischen Parteiführer, Demosthenes voran, behaupteten nach wie vor die Leitung. Die Stadt wurde in Verteidigungszustand gesetzt und alle Mafsregeln zur äufsersten Gegenwehr getroffen.[1]) Mit Gewalt Athen zu bezwingen mufste als aussichtslos erscheinen, solange die Stadt nicht von der Seeseite her eingeschlossen werden konnte. Für seine Zwecke bedurfte aber Philipp einer gewaltsamen Unterwerfung Athens gar nicht; es genügte ihm, wenn es verhindert wurde ihm weiterhin bei seinen Plänen in den Weg zu treten. Demgemäfs that er Schritte, um die Athener ohne weiteren Kampf zum Frieden, wie er ihn wünschte, zu bewegen. Er behandelte die athenischen Gefangenen mit wohlberechneter Milde, er rückte nicht in Attika ein, sondern blieb in Böotien stehen und sandte selber zuerst durch den gefangenen Demades Friedensanträge nach Athen. Dort hatte sich inzwischen ein Vorfall ereignet, der zeigte, dafs die Mehrheit der Bürger doch nicht zum Widerstand auf alle Fälle entschlossen war: ursprünglich war zum Befehlshaber in der Stadt

---

1) S. Schäfer III. 6 ff.

Charidemos bestimmt, der Schwager des gestürzten Königs Kersobleptes und ein erbitterter Feind Philipps, aber auf Betreiben der besitzenden Klassen erhob der Areopag gegen seine Wahl Einspruch, und Phokion, der stets gegen den Krieg gewesen war, wurde an seine Stelle gesetzt. Um dieselbe Zeit verliefs Demosthenes Athen, um Korn anzukaufen und Gelder von den Bundesgenossen einzuziehen. So trafen Demades' Eröffnungen auf günstigen Boden, eine Gesandtschaft, an der aufser diesem Phokion und Aeschines, die Hauptvertreter der Friedenspartei, teilnahmen, wurde an den König abgeordnet. Dieser empfing sie äufserst freundlich, er gab die Gefangenen ohne Lösegeld frei und versprach die Gebeine der Gefallenen zur Bestattung nach Athen zu senden. Zugleich schickte er Gesandte mit seinen sehr gemäfsigten Friedensvorschlägen. Die Überraschung und Freude der Athener war um so gröfser, als Demosthenes und seine Freunde ihnen oft genug wiederholt hatten, Philipp sei der bitterste Feind Athens und wolle es gänzlich vernichten. Desto geneigter waren sie nun[1]) auf seine Bedingungen einzugehen, die auf Demades' Antrag angenommen wurden. Athen schlofs mit Makedonien Frieden und Bündnis, es blieb unabhängig und im Besitze von ganz Attika, zu dem es noch Oropos von Theben zurückerhielt. Von den auswärtigen Besitzungen wurden nur der Chersones und wahrscheinlich Skyros abgetreten, Delos, Lemnos, Imbros und Samos blieben den Athenern; dagegen wurde der Seebund aufgelöst und die Bundesstaaten für völlig frei erklärt. Der König verpflichtete sich das athenische Gebiet nicht zu betreten und kein Kriegsschiff in den Hafen einlaufen zu lassen. Diese Friedensbedingungen waren in der That sehr milde: Athen verlor von seinem eigenen Besitztum nur das unbedeutende Skyros und den Chersones, auf den Philipp nicht verzichten konnte, und bekam dafür sogar eine Entschädigung in Oropos. So ist es kein Wunder, dafs die Athener, die einen Kampf um die Existenz ihrer Vaterstadt gefürchtet hatten, den Frieden freudig annahmen und für Philipp und seine Gesandten alle Ehren beschlossen. Sie erklärten sich auch bereit in den von dem Könige zu gründenden allgemeinen griechischen Bund einzutreten, obwohl Phokion davon abriet.

---

1) Polyb. V. 10: Φίλιππος νικήσας Ἀθηναίους τὴν ἐν Χαιρωνείᾳ μάχην οὐ τοσοῦτον ἤνυσε διὰ τῶν ὅπλων ὅσον διὰ τῆς ἐπιεικείας καὶ φιλανθρωπίας τῶν τρόπων ... τὸ γὰρ Ἀθηναίων φρόνημα καταπληξάμενος τῇ μεγαλοψυχίᾳ πρὸς πᾶν ἑτοίμους αὐτοὺς ἔσχεν ἀντὶ πολεμίων.

Bei aller Milde hatte Philipp dafür gesorgt, dafs Athen
ihm nicht ein zweites Mal seine Pläne durchkreuzen konnte.
Es blieb ganz unabhängig, im Besitz seiner Festungswerke und
seiner Flotte; aber eine selbständige äufsere Politik im Gegensatz zu Makedonen konnte es nicht mehr treiben, und jede
Hoffnung auf Hegemonie war dahin. Der Seebund wurde aufgelöst,[1]) Athen verlor den Chersones, dessen Wichtigkeit wir
mehrfach hervorgehoben haben. Dadurch büfste es die Herrschaft im ägäischen Meer ein und mit dieser die Grundlage
seiner Macht. Ein kluger Schachzug Philipps war ferner, dafs
er den Athenern Oropos schenkte und so sie nicht blofs sich
verpflichtete, sondern auch mit Theben entzweite. Endlich be-
gab sich Athen auch formell des Rechts eine eigene Politik zu
treiben durch den Eintritt in Philipps griechischen Bund. Denn
bei dem Stande der Dinge war dieser als Feldherr des Bundes
zugleich dessen Oberherr, zumal da es ausdrücklich untersagt
wurde gegen ihn feindlich aufzutreten.[2]) So hatte Philipp
durch seine Mäfsigung ohne Mühen und Gefahren alles erreicht,
was er wünschte; er konnte auch erwarten, dafs jetzt endlich
die Gegenpartei gestürzt werden und seine Anhänger zur
Regierung kommen würden. Allerdings geschah dies nicht.
Demosthenes behauptete sich unverändert in der Volksgunst;
aber er wagte bei Philipps Lebzeiten nicht wieder gegen ihn
sich zu erheben, ebenso wie er später, als er Alexanders Bedeutung erkannt hatte, von jeder Auflehnung absah.

Philipps Verfahren wird auch hier allgemein als klug und
erfolgreich anerkannt, dagegen sind die Urteile über die Hal-
tung Athens geteilt. Beloch[3]) erklärt: „Der Frieden war in
noch höherem Mafse als die Schlacht bei Chäronea eine Niederlage der Partei des Demosthenes. Hatte sich bei Chäronea
gezeigt, dafs Demosthenes den Staat in den Kampf getrieben
hatte, ohne die eigenen Mittel und die Mittel des Gegners gegen
einander abzuwägen, so zeigte der Frieden, dafs die ganze
Kriegspolitik auf einer falschen Voraussetzung beruhte", nämlich der unversöhnlichen Feindschaft Philipps gegen Athen.
„Wenn Philipp als Sieger den Athenern solche Bedingungen
bewilligt hatte, was hätte sich von ihm erreichen lassen zu der
Zeit, als er noch nicht der unumschränkte Gebieter von Hellas

---

1) Der hellenische Bund des Demosthenes zerfiel jetzt natürlich
von selbst.
2) Arrian. I. 16. 6. III. 24. 5. Diod. XVIII. 56. 7.
3) Att. Polit. S. 234 f.

war?" — Ich glaube, nicht viel mehr; denn Philipp konnte nichts Wesentliches weiter zugestehen, ohne seine eigene Stellung in Griechenland zu gefährden. Übrigens wurde er Gebieter von Hellas doch erst durch den Frieden mit Athen, den er ohne so günstige Bedingungen nicht so leicht erhalten hätte. So gerechtfertigt ferner der Vorwurf gegen Demosthenes ist, dafs er die Macht seines Gegners zu gering geschätzt hat, so wenig berechtigt scheint mir die Behauptung, dafs seine Politik auf einer ganz falschen Voraussetzung beruht habe. Denn die angebliche Todfeindschaft Philipps war für ihn wohl ein sehr wirksames Agitationsmittel, aber der Zweck des Krieges war ihm die Hegemonie Athens und die Freiheit der Griechen von Makedonien. Man kann diese Politik als aussichtslos und gegen das wahre Interesse Griechenlands gerichtet tadeln, aber man darf nicht sagen, dafs der Krieg um einer blofsen Einbildung willen geführt ist. — Gerade im Gegensatz zu Belochs Ansicht steht eine andere, die Schäfer andeutet,[1]) wenn er meint, Philipp zerrann die Frucht des Sieges unter den Händen, wenn Athen sich gegen ihn hielt. Da dies aber lange Zeit sich halten konnte, so ist die unabweisliche Folgerung — die Schäfer allerdings nicht zieht —, dafs Athen den Frieden übereilt geschlossen hat, und dafs Demosthenes seine Pflicht versäumt hat, als er nicht dagegen wirkte. Denn hätte man Philipp die Frucht seines Sieges, die Hegemonie, noch entreifsen können, so durfte er noch nicht seine Sache aufgeben, sondern mufste alles versuchen, um den Krieg fortzuführen. Holm[2]) verurteilt deshalb Demosthenes sehr scharf: „Das war eben die Folge der auf Unwahrheiten beruhenden Taktik des Demosthenes ... Die Schwächen des leitenden Staatsmannes tragen einen grofsen Teil der Schuld am Sturze Athens ... Er hat, sei es aus Unkenntnis der Sachen, sei es aus falscher Berechnung, die Athener über die Zwecke und Mittel des Feindes in Unklarheit gehalten, und als die von ihm geringschätzig behandelte makedonische Phalanx die tapferen Griechen besiegt hatte, da hat er Korn und Geld gesammelt und es anderen überlassen die Stadt aus der Verlegenheit zu ziehen." — Ich will das Verhalten des Demosthenes in der letzten Krisis nicht verteidigen, aber ich glaube nicht, dafs ein Weiterkämpfen Athens Zweck gehabt hätte. Die Friedensbedingungen wurden allerdings von dem Volke beinahe unbesehen angenommen

---

1) VIII. 17.
2) Gr. Gesch. III. 325.

— und daran trug mit die Schuld, dafs Demosthenes es über die Absichten Philipps getäuscht hatte —, aber bessere waren nicht zu erlangen. Über die Hegemonie in Hellas hatte die Schlacht bei Chäronea endgültig entschieden, und selbst ein erfolgreicher Widerstand Athens hätte Philipp diesen Siegespreis nicht entreifsen können. Denn Mittelgriechenland hatte der König durch die Besetzung von Theben, Chalkis und Ambrakia vollständig in der Gewalt.[1]) Auch die peloponnesischen Verbündeten Athens hätten keine weitere Gegenwehr gewagt. Wie wenig ein hellenischer Bund gegen eine Niederlage gefestigt war, hat ja später die Geschichte des lamischen Krieges bewiesen; und die Niederlage bei Chäronea war doch ein ganz anderer Schlag als das Gefecht bei Krannon. Zu bedenken ist dabei ferner, dafs überall makedonische Parteien bestanden, die zwar zeitweilig zurückgedrängt waren, aber jetzt sicher ihr Haupt wieder erhoben. Philipp würde sich doch auch nicht mit seiner ganzen Streitmacht vor Athen festgelegt haben. Zur Einschliefsung der Stadt genügte ein verhältnismäfsig kleiner Teil seines Heeres, mit dem übrigen konnte er ebenso wohl, wie er es nach dem Frieden that, in den Peloponnes ziehen. Also in Griechenland war weder Widerstand gegen Philipp noch Hilfe für Athen zu erwarten,[2]) und allein konnte es auf die Dauer der makedonischen Macht nicht die Wage halten. Woher sollte aber sonst Unterstützung kommen? Byzanz, mit dem Athen noch im Bunde war, konnte ihm nicht helfen, da Philipp jetzt auch in Thrakien wieder offensiv vorgehen konnte. Von Persien endlich war ebenfalls wenig zu hoffen,[3]) wenn wir uns an die damaligen Zustände im persischen Reiche erinnern, wo eben Artaxerxes Ochos ermordet war und in Kleinasien sich wieder Aufstände erhoben.[4]) So war Athen von allen Seiten isoliert und konnte nichts Besseres thun als den Frieden annehmen. Es hätte sonst höchstens Spartas Schicksal geteilt.

---

1) Mögen Chalkis und Ambrakia auch erst nach dem Frieden mit Athen besetzt sein, so wäre dies doch sicherlich auch, wenn Athen im Widerstande verharrt hätte, geschehen.
2) Deshalb wäre es auch zwecklos gewesen, wenn Athen darauf bestanden hätte den Frieden zugleich im Namen seiner Bundesgenossen zu schliefsen, was Schäfer (III. 30) für möglich hält. Philipp wäre schwerlich darauf eingegangen, weil er damit das gegen ihn geschlossene Bündnis anerkannt hätte.
3) Schäfer (III. 17) glaubt zwar, dafs Athen auf persische Hilfe hätte rechnen können.
4) S. Schäfer III. 62 f. Beloch, Gr. Gesch. II. 607.

Demnach ist Demosthenes daraus, dafs er dem Frieden nicht opponiert hat, kein Vorwurf zu machen, wohl aber daraus, dafs er damals Athen verlassen hat. Es ist das erste Mal in der Periode, die wir betrachtet haben, dafs wir von einer athenischen Politik ohne Demosthenes hören. Er hatte bisher den Staat geleitet, er hatte Ehren und Ruhm genug geerntet, solange seine Politik erfolgreich war. Jetzt, wo das Glück sich gegen ihn wandte, verliefs er, wie ihm Aeschines mit Recht vorwarf,[1]) seinen Posten in der Stadt, während die wichtigste Entscheidung bevorstand. Korn und Gold konnte jeder andere ebenso gut sammeln, Demosthenes mufste in Athen bleiben, wo die Bürgerschaft noch immer auf ihn blickte. Er mufste, wenn wirklich das Äufserste drohte, den Mut des Volkes aufrecht zu halten suchen, und er durfte sich im andern Falle der Pflicht nicht entziehen an den Friedensverhandlungen teilzunehmen, um zu retten, was noch zu retten war. Bequemer war es allerdings die Verantwortung für den Frieden anderen zu überlassen, aber patriotisch war das nicht gehandelt, und ich glaube, dies ist der gröfste Tadel, den man gegen ihn erheben kann. Er hätte wenigstens einzelne Bestimmungen des Friedens, die dem Staate Schande brachten, verhüten können. Ich denke dabei hauptsächlich an die Annahme von Oropos aus der thebanischen Beute, die doch der demosthenischen Politik geradezu ins Gesicht schlug. Weniger Gewicht lege ich auf die Verpflichtung der Athener in Philipps hellenischen Bund einzutreten, denn dem hätten sie sich schliefslich doch nicht entziehen können.

Durch den Sieg bei Chäronea und durch den Frieden mit Athen hatte der König seine Hegemonie in Griechenland thatsächlich durchgesetzt, er hatte nun nur noch in den übrigen Staaten die Verhältnisse nach seinem Willen zu regeln und für die Neuordnung der Dinge eine staatsrechtliche Form zu finden. Überall verfuhr er dabei nach dem Grundsatz die griechischen Staaten gegen einander zu isolieren und in den einzelnen seine Anhänger zur Herrschaft zu bringen. Die Bundesgenossen Athens im letzten Kriege ergaben sich alle einzeln[2]) und wurden schonend behandelt, überall aber mufsten die Führer der Gegenpartei fliehen. So ging es in Euböa, der euböische Bund wurde aufgelöst und Chalkis von makedoni-

---

1) Aesch. III. 159.
2) Aelian. V. H. VI. 1: οἱ δ᾽ Ἕλληνες δεινῶς κατέπτηξαν καὶ ἑαυτοὺς κατὰ πόλεις ἐνεχείρισαν αὐτῷ φέροντες.

schen Truppen besetzt,[1]) es erhielt dagegen einen Landstrich am Festlandsufer, um den es früher mit Theben gestritten hatte. In Megara, Korinth und Achaja kam die Regierung an die makedonische Partei; auch Korinth wurde mit einer Besatzung belegt[2]) und so der Schlüssel zum Peloponnes in Philipps Hand gebracht. Die schon früher mit ihm verbündeten Staaten, Argos, die arkadischen Gemeinden, Elis, Messenien, die sich während des Krieges zweideutig verhalten hatten, beeilten sich jetzt ihm zu huldigen und gegen Sparta zu klagen, das allein trotz seiner Ohnmacht sich der neuen Ordnung nicht fügen wollte. Sie stellten ihre Kontingente zu dem Zuge, den Philipp gegen die Spartaner unternahm. Diese mufsten es geschehen lassen, dafs ganz Lakonien verwüstet und — nach dem Spruche eines aus Griechen zusammengesetzten Schiedsgerichts — ihr Gebiet auf den altspartanischen Besitz beschränkt wurde; die übrigen Landstriche wurden an Argos, Tegea, Megalopolis und Messenien verteilt. Sparta war so ganz eingeengt und ungefährlich. Damit begnügte sich Philipp, er verschmähte es zum Beitritt in den korinthischen Bund zu zwingen oder es zu vernichten, wie er es gekonnt hätte.[3]) Ebenso wenig versuchte er im Peloponnes eine wirkliche Versöhnung der Parteien herbeizuführen, denn ihm lag nichts daran die übrigen Peloponnesier von der Furcht vor Sparta ganz zu befreien, damit sie stets auf den makedonischen Schutz angewiesen blieben.[4]) Im Westen Griechenlands war alles in Philipps Sinne geordnet. Die Ätoler erhielten zum Lohn für ihr Bündnis Naupaktos, das er nach der Eroberung von Amphissa den Achäern abgenommen hatte. In Akarnanien wurden die Anhänger Athens vertrieben und Ambrakia von den Makedonen

---

1) Vgl. Schäfer III. 52. 4.
2) Plut. Arat. cp. 23.
3) In der Inschrift des Isyllos von Epidauros (Wilamowitz, Isyllos S. 22) heifst es, Philipp habe sein Heer gegen Sparta geführt ἐθέλων ἀνελεῖν βασιληίδα τιμήν. Wilamowitz (S. 34f.) meint, dafs Philipp die spartanische Verfassung hätte stürzen wollen, aber durch den hartnäckigen Widerstand der Spartaner bewogen sei davon abzusehen. Beloch (Gr. Gesch. II. 571. 4) bezweifelt dies, weil Philipp gerade die Erhaltung der Verfassungen zum Grundprinzip seines hellenischen Bundes gemacht habe; auch Antipater hätte im Jahre 330 nicht daran gedacht das spartanische Königtum abzuschaffen. Der Ausdruck βασιληίδα τιμήν sei vielleicht in übertragenem Sinne von der herrschenden Stellung Spartas gebraucht. Ich halte es nicht für unmöglich, dafs Philipp versucht hat die spartanische Verfassung in seinem Sinne zu ändern; er hat aber jedenfalls dies nicht für so wichtig gehalten, um es mit Gewalt zu erzwingen.
4) So beurteilt selbst Beloch (Gr. Gesch. II. 572) sein Verfahren.

besetzt.¹) Die Phoker liefs Philipp gewähren, schon als alte Feinde Thebens, er sorgte aber dafür, dafs auch hier seine Parteigänger zur Macht kamen. Byzanz schlofs jetzt ebenfalls ein Bündnis mit ihm, wobei Leon, der Verteidiger der Stadt im Jahre 340, ermordet wurde.

Nun berief Philipp eine Versammlung nach Korinth,²) um einen allgemeinen Frieden und einen Bund aller Hellenen festzustellen. Hier erschienen die Vertreter aller selbständigen griechischen Staaten mit alleiniger Ausnahme der Spartaner. Es wurde die Freiheit und Selbständigkeit aller hellenischen Städte, der ungestörte Besitz des Eigentums und die bestehenden Verfassungen garantiert, ein allgemeiner Landfrieden mit Freiheit des Handels und der Schiffahrt verkündet und alle Fehden untersagt. Zur Aufsicht über diese Bestimmungen und zugleich als oberster Gerichtshof in allen Bundessachen wurde ein Bundesrat in Korinth (κοινὸν συνέδριον τῶν Ἑλλήνων) eingerichtet, zu dem jede Gemeinde Beisitzer stellen sollte. Verboten wurde nur die Herstellung der von Philipp zerstörten Städte und die Rückberufung der von ihm ausgewiesenen Verbannten. Zwischen den Griechen und den makedonischen Königen wurde ein Schutz- und Trutzbündnis geschlossen, der Nationalkrieg gegen Persien proklamiert und Philipp zum Oberfeldherrn mit unumschränkter Vollmacht erwählt, zugleich die Kontingente der griechischen Staaten festgesetzt. Allen Hellenen wurde bei Strafe der Verbannung untersagt gegen Philipp Kriegsdienste zu thun oder sonst gegen ihn thätig zu sein.

Schlufs: Zusammenfassende Betrachtung der Politik Philipps und Athens.

In Philipps Politik überhaupt können wir zwei Stadien unterscheiden: in dem ersten erstrebte er die Sicherung seines Reiches besonders durch die Gewinnung der makedonischen Küsten, in dem zweiten die Herrschaft über die Balkanhalbinsel. Sein erstes Ziel hatte er im Jahre 346 vollständig erreicht und auch die Erreichung des zweiten schon vorbereitet durch siegreiche Kämpfe gegen Illyrier und Thraker und durch seine Einmischung in die griechischen Streitigkeiten. Jetzt wandte er sich ganz diesem Ziele zu: während er die barbari-

---

1) Diodor. XVII. 3. 3.
2) Vgl. bes. Schäfer III. 51 ff. Beloch, Gr. Gesch. II. 572 ff.

schen Völker des Nordens durch Waffengewalt bezwang, suchte
er die griechischen Staaten auf friedlichem Wege unter seine
Hegemonie zu bringen. Besondere Rücksicht beobachtete er
dabei gegen den mächtigsten Staat, Athen, den er durch freundliches Entgegenkommen zu gewinnen hoffte. In dem übrigen
Griechenland hatten seine Bemühungen anfangs den besten Erfolg, dagegen kam in Athen immer mehr die Philipp feindliche
Partei des Demosthenes zur Macht, sodafs die Athener bald
dem Vordringen des makedonischen Einflusses in den Weg
traten und ihm dann in der That Einhalt geboten. So trat in
den Fortschritten Philipps in Griechenland ein Stillstand ein.
Noch einmal versuchte er im Jahre 342, nachdem alle früheren
Verhandlungen ergebnislos geblieben waren, durch weitgehende
Zugeständnisse ein gutes Einvernehmen herzustellen, aber die
Athener wiesen alle seine Vorschläge schroff ab. Damit war
es entschieden, dafs Philipp noch einen Krieg in Griechenland
zu führen hatte. Doch wandte er sich vorher zur Unterwerfung
Thrakiens, um dadurch den ganzen Norden der Halbinsel seinem
Reiche einzufügen und zugleich für den Entscheidungskampf
mit Athen die wichtigsten Vorteile sich zu verschaffen. Deshalb suchte er den offenen Bruch möglichst lange hinauszuschieben, und es gelang ihm auch vorher ganz Thrakien zu
erobern, aber bei seinem Angriffe auf die Seestädte erklärte
Athen ihm den Krieg.

In Athen gelangte schon gleich nach dem Frieden Demosthenes zu gröfserem Einflufs, der Makedonien aus Griechenland
fernhalten wollte und für seine Vaterstadt die führende Stellung
in Anspruch nahm. Darin lag ein Zwiespalt begründet, der
unvermeidlich zu einem neuen Kriege führte. Indem Demosthenes klug die Verstimmung benutzte, die seit dem unrühmlichen Ausgang des vorigen Krieges in Athen gegen Philipp
herrschte, und es verstand die alten Beschwerden nicht einschlafen zu lassen und neue ausfindig zu machen, errang er
immer gröfsere Macht und leitete seit ungefähr 343 die auswärtige Politik ziemlich unbestritten. Er hatte schon im
Jahre 344 einen vergeblichen Versuch veranlafst im Peloponnes die Fortschritte Philipps zu hindern. Dann stellte sich
Athen in Megara, in Euböa und im Westen Griechenlands den
makedonischen Bestrebungen entgegen; schon direkt feindlich
gegen Philipp handelte es, als es dem von diesem vertriebenen
Molosserkönig Arybbas Hilfe zusicherte und Thessalien aufzuwiegeln suchte. Die Kriegspartei setzte es dann durch, dafs
der letzte Versuch des Königs den Streit gütlich beizulegen

scheiterte, und die Zwistigkeiten auf dem Chersones boten ihr das Mittel die Bürgerschaft vollends für ihre Politik zu gewinnen. Während Philipp in Thrakien beschäftigt war, brachte Demosthenes ein Bündnis mit einer gröfseren Anzahl griechischer Mittel- und Kleinstaaten zu stande; und endlich, als der König bei der Belagerung von Perinthos das athenische Gebiet verletzte, kam der Krieg zu offenem Ausbruch.

Vor Perinthos und Byzanz erlitt Philipp eine ernstliche Schlappe; er mufste den Plan aufgeben die Wasserstrafsen aus dem Pontus in seine Gewalt zu bekommen und mufste gegen Athen selbst vorgehen. Dazu wünschte er aber in Griechenland einen Krieg zu entzünden, um seine politische Stellung dort zu verbessern und vor allem eine Annäherung zwischen Athen und Theben zu verhüten. Einstweilen unternahm er den Zug gegen die Skythen. Währenddessen entwickelte sich, wie er es gehofft hatte, in Hellas ein neuer Konflikt. Zwar gelang es nicht einen heiligen Krieg gegen Athen selbst zu erregen, aber es wurde gegen Amphissa ein solcher beschlossen, und infolge der Unthätigkeit der Athener dem Könige die Führung übertragen. So hatte er die gewünschte Veranlassung als Vertreter des Amphiktyonenrats wiederum in Griechenland einzuschreiten. Jetzt aber erreichte Demosthenes seinen gröfsten Erfolg, den Bund mit Theben: das vereinigte griechische Heer war nun auch zu Lande den Makedonen gewachsen. Philipp, der vergebens diese Verbindung zu hindern gesucht hatte, machte, um nichts aufs Spiel zu setzen, noch einmal Friedensanträge, die durch Demosthenes abgewiesen wurden. In der entscheidenden Schlacht aber errang die Feldherrntüchtigkeit des Königs und die Überlegenheit seines Heeres einen völligen Sieg. Damit waren alle Hoffnungen der athenischen Kriegspartei vereitelt; Athen konnte Philipp die Hegemonie nicht mehr streitig machen und nichts Besseres thun als auf seine milden Bedingungen hin Frieden schliefsen. Philipp brach Thebens Macht ganz, brachte überall die Regierung in die Hände seiner Anhänger und besetzte einige der wichtigsten Punkte in Griechenland; er demütigte auch Sparta, das allein ihm die Anerkennung versagte. Die Synode zu Korinth stellte die makedonische Hegemonie fest, indem der König zum Oberfeldherrn des griechischen Bundes erwählt und jeder Widerstand gegen ihn verpönt wurde. Damit war auch rechtlich ausgesprochen, wie es thatsächlich durch die Waffen entschieden war, dafs die griechischen Staaten wenigstens in der äufseren Politik künftig ganz von Makedonien abhängig waren.

Philipp hatte somit sein zweites Ziel ebenfalls erreicht, die griechische Halbinsel war vom Peloponnes bis zum Balkan ihm unterthänig. Jetzt wandte er seine Blicke über diese hinaus nach Asien. Den Krieg gegen Persien hatte er wohl früher schon ins Auge gefafst, aber vor der Niederwerfung des Widerstandes in Hellas konnte er nicht ernstlich an ihn denken. Wenn er sich jetzt dazu rüstete, so trieb ihn wohl zunächst der Wunsch die eben begründete Herrschaft über Griechenland durch einen gemeinsamen Kampf gegen den alten Nationalfeind und durch die Befreiung der asiatischen Hellenen zu festigen und dadurch in Vergessenheit zu bringen, dafs die Einigung doch nur durch Waffengewalt zu stande gekommen war; dazu drängte ihn auch die Stimmung der Kreise, auf die er seine Hegemonie stützte. Zugleich wollte er im makedonischen Interesse seinem Reiche die natürliche Erweiterung durch die asiatische Küste des ägäischen Meeres geben. Denn wenn wir Philipp richtig beurteilen, hat er kaum eine Eroberung des ganzen Perserreichs beabsichtigt, etwa als Rache für die persischen Einfälle in Griechenland. Ob ihn nachher die Verhältnisse nicht weiter geführt hätten, läfst sich allerdings schwerlich entscheiden, da es ihm nicht vergönnt war den Krieg selber zu führen.

Wenn wir nun noch die Frage aufwerfen, wodurch der Erfolg Philipps und die Niederlage der demosthenischen Politik bewirkt ist, so finden wir bei Demosthenes[1]) die Antwort, dafs die Schlaffheit der Griechen, insbesondere der Athener, gegenüber der rastlosen Thätigkeit des Königs, sodann die Bestechlichkeit der leitenden Männer und die Uneinigkeit der Staaten die Schuld tragen. Von alledem ist nur der dritte Grund stichhaltig. Denn ist auch das Aufkommen Philipps durch die Sorglosigkeit der Athener und durch sein Gold (z. B. in Olynth) gefördert, in dem letzten Kriege haben sich jene unter Demosthenes' Führung thätig genug bewiesen, und nicht durch Bestechung, sondern in offener Feldschlacht haben die Makedonen gesiegt; die Erfolge, die sie vorher schon in Griechenland gewonnen hatten, waren fast ganz zunichte geworden. Man darf auch nicht vergessen, dafs Demosthenes mit dem Vorwurfe des Verrats sehr freigebig alle die bedenkt, die nicht seiner Politik zustimmten. Die Staatsmänner Arkadiens und Messeniens z. B. hat schon Polybios[2]) dagegen in Schutz genommen: sie sahen

---

1) Z. B. IX. 20 ff. XVIII. 18 ff. 45 ff. 61 f.
2) XVII. 14.

wirklich in dem Anschlufs an Philipp den wahren Vorteil ihrer Staaten, da sie fortwährend von Sparta bedroht wurden und Athen sie nicht schützen konnte oder wollte. Damit werden wir auf den wahren Grund der Schwäche Griechenlands geführt, die geradezu hoffnungslose Zerrissenheit und Uneinigkeit der einzelnen Staaten. Im Peloponnes standen fortwährend Argos, Messenien, Megalopolis und andere arkadische Gemeinden gegen Sparta, das noch immer seine Herrschaft über sie geltend machen wollte. Und wie sah es im übrigen Griechenland aus? Athen war mit Theben verfeindet, Theben mit Phokis, auch mit Chalkis, erbitterte Feinde der Phoker waren Thessaler und Lokrer, die Ätoler kämpften seit Alters gegen die Akarnanen, neuerdings auch gegen die Achäer um Naupaktos, und so ging das ohne Ende weiter. Dazu kamen noch die Parteiungen in allen Städten; überall fand Philipp eine Partei, die seine Hilfe anrief. Dem gegenüber schrieb nun Athen unter Demosthenes die nationale Einigung auf seine Fahne, aber es war zu spät; in wenigen Jahren liefs sich das alte Nationalübel nicht bannen. Und Athen selbst hatte nicht am wenigsten die Sünden seiner früheren Politik zu büfsen. Es erscheint uns schon wunderbar, dafs Demosthenes imstande war nicht nur einen beträchtlichen Teil der Mittel- und Kleinstaaten um Athen zu scharen, sondern auch, allerdings erst in letzter Stunde und unter dem Drucke der Umstände, die alte Feindschaft der Thebaner zu überwinden. Wäre es gelungen auch Sparta und die übrigen Peloponnesier zu gewinnen, so hätte es um Philipps Aussichten sehr schlecht gestanden. Aber dies war damals ganz unmöglich bei dem unversöhnlichen Gegensatz zwischen diesen Staaten. Gerade hier büfste Athen für seine früheren Fehler, hatte es doch nie versucht, in dem Zwiste zu vermitteln, um Spartas Macht nicht zu stärken. Demosthenes selber sprach noch 352 in der Rede für die Megalopoliten[1]) als obersten Grundsatz der athenischen Politik aus, man dürfe weder Sparta noch Theben zu mächtig werden lassen. Und mochte er auch später sich über diese Auffassung erhoben haben, so hat er doch nie sich bemüht die Spartaner zu einer Teilnahme am Kriege zu bestimmen, um nicht ihre Gegner zu reizen. So hielt sich Sparta ganz abseits, obwohl es stets sich Philipp feindlich zeigte. Ebenso wenig verstand es Athen, von den Arkadern u. s. w. mehr als blofse Neutralität zu erlangen. Eine Einigung Griechenlands gegen Makedonien kam also nicht zu stande,

---

1) XVI. 5.

ganz abgesehen davon, ob sie Aussicht auf Bestand gehabt hätte. Dies ist der eine Grund für die Niederlage der Athener, der andere liegt in der gewaltigen Überlegenheit, die Philipp in seiner Stellung als Herrscher eines für griechische Verhältnisse sehr grofsen Reiches und in seiner eigenen Persönlichkeit hatte. Wie sehr er als Monarch gegen die Demokratieen im Vorteil war, mufste Demosthenes selber anerkennen.[1]) Aber Philipp war auch ein grofser König, tüchtig als Regent — sind ihm doch nicht nur seine Makedonen, sondern auch die Thessaler stets treu ergeben gewesen —, äufserst geschickt als Staatsmann und, was schliefslich den Ausschlag gab, ausgezeichnet als Feldherr. So konnte es denn nicht anders kommen: der einheitliche makedonische Staat unter einem genialen und energischen Könige mufste über die uneinigen und schwerfälligen griechischen Republiken siegen.

Dafs dieser Sieg für die Unterlegenen nicht zum Segen wurde, lag aufser an ihrer eigenen Erschlaffung und Zerrissenheit vor allem an der Entwicklung, welche die makedonische Geschichte nach Alexander nahm, zum kleineren Teil doch auch an der Politik des Siegers. Dieser hat ja versucht die Griechen zu einigen; aber durch manche Mittel, die er anwandte, um seine Herrschaft sicher zu stellen, wurde die Zwietracht und die Kleinstaaterei gerade wach gehalten. Ich erinnere an die Schenkung von Oropos an Athen, an das Verhalten zu dem peloponnesischen Zwiste, an die Auflösung jeder gröfseren Gemeinschaft in Hellas, des attischen Seebundes, des böotischen und euböischen Bundes. Auch die an sich unzweifelhaft wohlthätigen Einrichtungen, die in Korinth getroffen wurden, dienten ebenso sehr dem makedonischen als dem allgemein-griechischen Interesse: durch die Verkündigung des Landfriedens wurden die Streitkräfte Griechenlands für Philipps weitere Pläne frei gemacht und durch die Garantie der bestehenden Verfassungen die Herrschaft der makedonischen Parteien gesichert. Wenn allerdings Philipp länger gelebt hätte, und ein Reich entstanden wäre, dessen Schwerpunkt in Europa, nicht in Asien lag, so wäre allmählich wohl eine wirkliche Einigung Griechenlands und eine Verschmelzung mit Makedonien erwachsen. Da aber Alexanders Weltreich in Stücke ging und die Diadochen in ihren Kämpfen die griechischen Staaten gegen einander ausspielten, so wurden die Zwietracht und der Partikularismus aufs

---

1) I. 4. XVIII. 235.

neue erweckt und verschlimmert, bis endlich Griechenland der römischen Herrschaft anheimfiel.

Dadurch findet auch die Politik des Demosthenes ihre Rechtfertigung: er wollte Griechenland frei von fremdem Einflufs, einig durch eigene Kraft und geleitet von seiner Vaterstadt. Ob dies Ziel damals noch zu erreichen war, erscheint uns sehr fraglich. Vielleicht war es für die Griechen besser, wenn sie sich im Sinne des Isokrates freiwillig an Philipp und Alexander angeschlossen hätten. Sie hätten so die Vorteile der Siege über Asien ohne die Nachteile der makedonischen Herrschaft geniefsen können, denn Philipp hätte dann nicht nötig gehabt seine Macht auf die Uneinigkeit der einzelnen Staaten und auf makedonische Besatzungen zu stützen.[1]) Wir, die wir den Ausgang vor Augen haben und die Verhältnisse in Griechenland und die Machtmittel der Gegner unbefangen würdigen, wir können so urteilen. Aber konnte ein Grieche, ein Athener, der in den ruhmvollen Traditionen seiner Vaterstadt aufgewachsen war, in der Unterordnung unter den makedonischen König, in dem Verzicht auf alle nationalen Überlieferungen und Hoffnungen das Heil Griechenlands sehen? Mufste es ihm nicht vielmehr als Gebot der Ehre erscheinen, auch wenn der Erfolg noch zweifelhaft war, die Selbständigkeit seiner Vaterstadt und seines Vaterlandes zu verteidigen?[2]) Das eine hat Demosthenes jedenfalls erreicht: die Ehre Athens ist gewahrt geblieben, nicht mut- und ruhmlos ist es von dem Schauplatze seiner Gröfse abgetreten.

---

1) Vgl. Holm, Gr. Gesch. III. 319.
2) Dem. XVIII. 199: εἰ γὰρ ἦν ἅπασι πρόδηλα τὰ μέλλοντα γενήσεσθαι καὶ προῄδεσαν πάντες ... οὐδ' οὕτως ἀποστατέον τῇ πόλει τούτων ἦν, εἴπερ ἢ δόξης ἢ προγόνων ἢ τοῦ μέλλοντος αἰῶνος εἶχε λόγον.